Erich Haenel

Alte Waffen

Mit 88 Abbildungen

SEVERUS

Haenel, Erich: Alte Waffen
Hamburg, SEVERUS Verlag 2014

ISBN: 978-3-95801-142-7
Druck: SEVERUS Verlag, Hamburg, 2014
Nachdruck der Originalausgabe von 1920

Der SEVERUS Verlag ist ein Imprint der Diplomica Verlag GmbH.

Bibliografische Information der Deutschen Nationalbibliothek:
Die Deutsche Nationalbibliothek verzeichnet diese Publikation in der Deutschen Nationalbibliografie; detaillierte bibliografische Daten sind im Internet über http://dnb.d-nb.de abrufbar.

ALTE WAFFEN

von

ERICH HAENEL

Mit 88 Abbildungen

Vorwort

In dem klassischen Worte, daß der Krieg der Vater aller Dinge sei, darf die Waffenkunde als eine selbständige wissenschaftliche Disziplin auch den Grund ihrer Daseinsberechtigung finden. Denn der König ist nicht nur, wie Clausewitz, der erste „Philosoph des Krieges", Moltkes geistiger Führer, ihn auffaßt, ein Akt des menschlichen Verkehrs, ein Konflikt großer Interessen, der allein darin von anderen Konflikten unterschieden ist, daß er sich blutig auslöst, gleichsam eine tragische Ausdrucksform des gesellschaftlichen Lebens. Er ist vielmehr in seinen letzten Wirkungen einer der größten Kulturförderer der Menschheit. So wird sein Organ, die Waffe, eines der lebensvollsten sprachgewaltigsten menschlichen Kulturdokumente.

Diese Auffassung von dem Wesen der Waffe ist noch nicht allzulange unser Eigentum. Jahrhundertelang war die Waffe zwar ein Lieblingsgegenstand volkstümlicher Geschichtsbetrachtung, einer der Hauptträger lebendiger historischer Tradition. Aber nur in dem Lichte, das von der Persönlichkeit ihres einstigen Trägers oder Besitzers ausging, gewann sie die Aufmerksamkeit des Forschers: eine ehrwürdige Reliquie, die von Helden und kraftvoll tätigem Leben im Kampf und Sieg meldete. Erst im Lauf des neunzehnten Jahrhunderts gelangte man dazu, von der Kenntnis der Entstehung und Bedeutung der Waffe zur Betrachtung ihres Materials fortzuschreiten, ihre Zwecke zu untersuchen und schließlich ihre Formen stilistischer Betrachtung zu unterziehen. Die Denkmäler selbst wurden auch eine gefällige Gestaltung des Satzbildes infolge der Vielgestaltigkeit der Illustrationen undurchführbar gemacht wurde. Auf Wiedergabe von Marken wurde nach reiflicher Erwägung völlig verzichtet. Die Unmöglichkeit, wie sie in einem Werke wie diesem Notwendigkeit werden mußte, hier auch nur das Wichtigste zu bieten, läßt es geraten erscheinen, dies lebhaft umstrittene Gebiet (siehe S. 111ff.) lieber zum Gegenstande einer eigenen Publikation zu machen, anstatt die alten, oft gedruckten Meistermarken zu wiederholen, die dem privaten Sammler doch nur selten begegnen.

Die Waffenkunde ist eine junge Wissenschaft, und ihre Arbeit ist allenthalben im Flusse. Abschließendes in gedrängter Form zu geben, wird auch dem Erfahrensten kaum gelingen. Dies Büchlein ist nichts als ein Versuch, das Bekannte in handlicher Gestalt zusammenzufassen, ein Versuch, dessen Lücken und Mängel dem Verfasser selbst nur allzu bewußt sind. Er ist auf jede Art der Kritik gefaßt, hofft aber, daß die produktive Art darunter nicht fehle, die allein helfen kann, der Sache selbst zu dienen. Eine Kritik, die dem Eisen gleicht, das nicht nur als Waffe blutige Wunden schlägt, sondern auch, zur Pflugschar geschmiedet, das Erdreich lockert, damit der Samen aufgehe und Frucht trage.

Erich Haenel

Inhalt

Verzeichnis der Abbildungen

im Bilde veröffentlicht, die historischen Quellen durchforscht; man versuchte, die Masse des so bekannt gewordenen Materials geschichtlich zu gliedern und die Fäden der Formentwicklung bloßzulegen. Die historische Waffenkunde war in den Kreis der wissenschaftlichen Disziplinen eingerückt, die sich in dem gewaltigen Reiche der Kulturgeschichte vereinigen.

Das vorliegende Büchlein erhebt keinen Anspruch darauf, die Literatur der Waffenkunde nach dieser Seite hin zu bereichern. Seine Entstehung ist von dem Wunsche verursacht, denjenigen in erster Linie zu nützen, die nicht auf dem Boden der strengen Fachwissenschaft stehen, sondern, die sich, von irgendeinem Grenzgebiet kommend, in den vielverschlungenen Pfaden der praktischen Waffenkunde ein wenig zurechtfinden möchten. Von der kriegswissenschaftlichen Bedeutung der Waffe, ihrer Führung im Einzelnen wie im Organismus des Heeres, von der Waffe in ihrer Beziehung zu der Kultur der Völker, zu Industrie und Handwerk, von der Waffe als wirtschaftlichem Objekt, von der Kunst der Waffe und ihren Zusammenhängen mit der Entwicklung der formalen Anschauungen wird man nichts oder nur wenig in ihm finden. Es handelte sich darum, vor allem die Terminologie dem Suchenden vertraut zu machen, wobei zweckmäßig die Einzelgruppen in ihrem Entwicklungsgang gezeigt wurden, den Werkstoff und seine Wandlungsfähigkeit zu schildern, wobei die künstlerische Durchbildung der Waffe gestreift werden mußte, dann den öffentlichen und privaten Besitz kurz vorzuführen, und schließlich die nötigste Literatur zum persönlichen weiteren Studium zu nennen.

Bei der Auswahl der Abbildungen, deren Zahl ebenso beschränkt werden mußte wie die Ausführlichkeit des Textes selbst, leitete die Absicht, die wichtigsten Typen anschaulich zu machen. Auf illustrative Schönheit konnte dabei natürlich nicht Rücksicht genommen werden, wie

Kapitel I

Geschichte der Waffe

A. Trutzwaffen

I. Schlagwaffen

1. Die Keule (franz. masse oder mace, italien. mazza, clava, engl. club, maze, span. maza, clava) steht, als die einfache Verlängerung oder Verstärkung des mit der Faust geführten Schlages (Organprojektion) an der Spitze der primitiven Angriffswaffen. Ein derber Stock, oft wohl ein Ast mit dem verstärkten Ende (Stammansatz), das durch eingeschlagene Nägel oder Eisenbeschlag beschwert wurde, finden wir sie in der Hand des Urmenschen aller Zonen. In historischer Zeit rückte die Keule einerseits zur Auszeichnungswaffe (Feldherrnstab) auf, wie die Darstellungen des Teppichs von Bayeux, der berühmten Bildquelle für die Kostüm- und Waffengeschichte des frühen Mittelalters, einer normannischen Arbeit aus dem Ende des 11. Jahrhunderts, zeigen, andererseits wird sie die Waffe der ärmeren Kämpfer, der Bauern, und, ihrer einfachen Verwendbarkeit auch in schwierigen Kampflagen halber, der Reiter. Eine mit Stacheln besetzte, meist zylindrische Keule, deren Schlagteil auch an einer kurzen Kette hängen konnte, nennt man Morgenstern (14. und 15. Jahrhundert). Um das Gewicht zu vermindern, ohne der Schlagkraft Eintrag zu tun, teilte man den Kopf in radiale Blätter; in dieser Form, als Streitkolben, (Faustkolben, als gemeine Waffe: Kürißbengel), wird sie bis ins 16. Jahrhundert allgemein gebraucht, und oft, wenn ganz aus Eisen (seit dem 15. Jahrhundert), im Stil der Zeit (Spätgotik) reich durchgebildet,

mit Tausia u. dgl. verziert. Eine besondere Form zeigt durchbrochene und zugespitzte Schlagblätter. — Der türkische Streitkolben mit ei- oder birnenförmigem, selten durchbrochenem Kopf heißt Topuz, wird aber, als er durch Ungarn und Kroatien nach Westeuropa dringt, in Verwechslung mit dem ungarischen buzoghany (= Streitaxt an langem Schaft) meist Pusikan genannt. Als Trabantenwaffe kommt der Streitkolben noch heute vor (England, Rom).

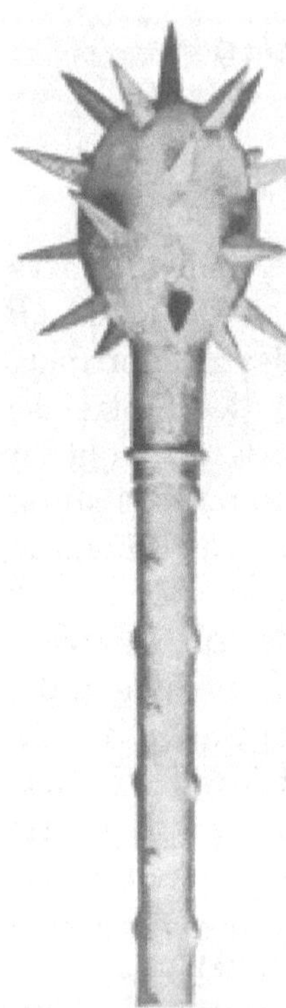

Fig. 1. Morgenstern. Mitte 15. Jahrh. Berlin, Zeughaus.

2. Der Hammer (franz. marteau d'armes, italien. martello, engl. polehammer), wie manche Angriffswaffen aus dem Werkzeug entstanden, anfangs ein an den Stock gebundenes Stück Stein oder Blei (als „Hubhammer“ mit zwei Schlagteilen Wurfwaffe), erhält seit dem 14. Jahrhundert eine Spitze. Als Streit- oder Fausthammer beliebte Fußknechtswaffe, aber auch mit kürzerem Stiel von den Berittenen im Gürtel geführt. (Luzerner Hammer, Falken-, Papageien- oder Rabenschnabel, um 1400). Die Rottmeister führten ihn mit besonders langem, leicht gekrümmtem Stachel und oft sehr langem, kostbar ausgestattetem Schaft. Der letztere ist auch das Kennzeichen des ungarischen Czakan (Stockhammer, Hakenhammer), der wie die meisten östlichen Waffentypen, im 16. Jahrhundert in Deutschland auch als Gehstütze Verbreitung findet.

3. Die Axt (als Werkzeug mit doppelseitig geschärfter Klinge zum Spalten ursprünglich von dem Beil, mit ein-

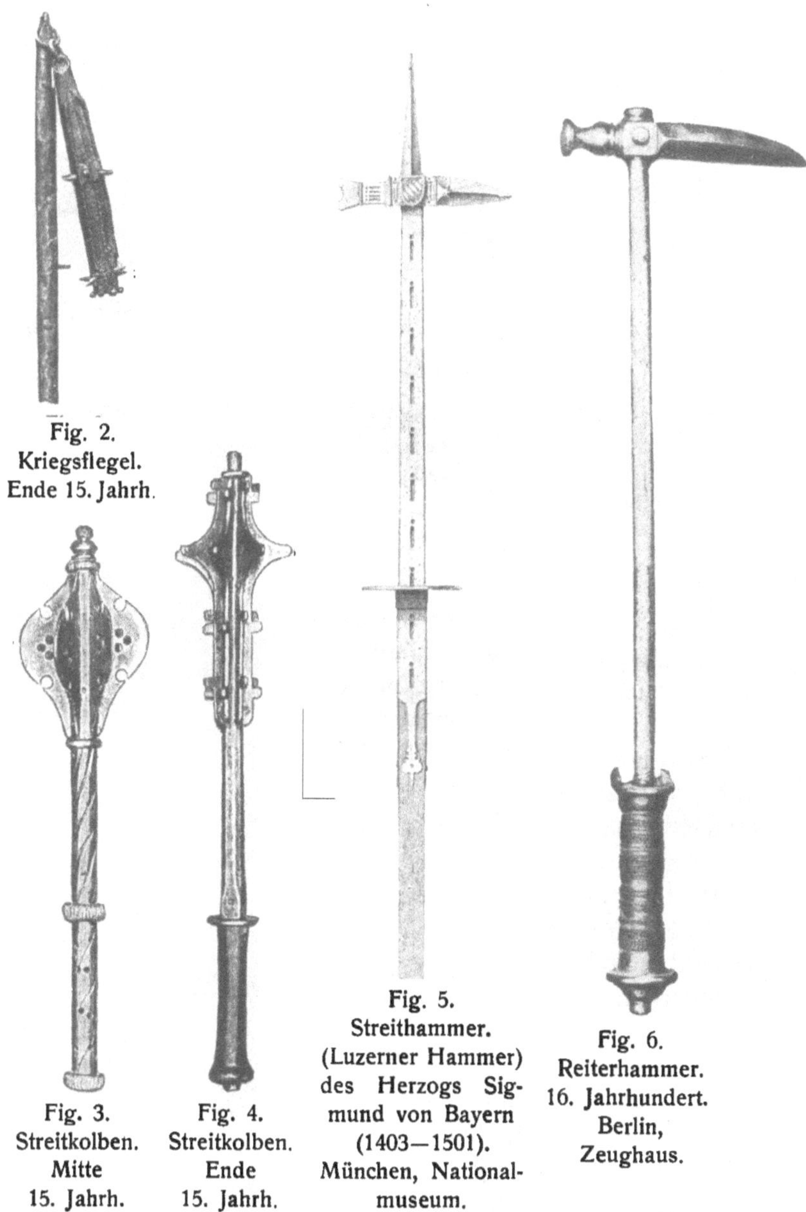

Fig. 2.
Kriegsflegel.
Ende 15. Jahrh.

Fig. 3.
Streitkolben.
Mitte
15. Jahrh.

Fig. 4.
Streitkolben.
Ende
15. Jahrh.

Fig. 5.
Streithammer.
(Luzerner Hammer)
des Herzogs Sigmund von Bayern
(1403—1501).
München, Nationalmuseum.

Fig. 6.
Reiterhammer.
16. Jahrhundert.
Berlin,
Zeughaus.

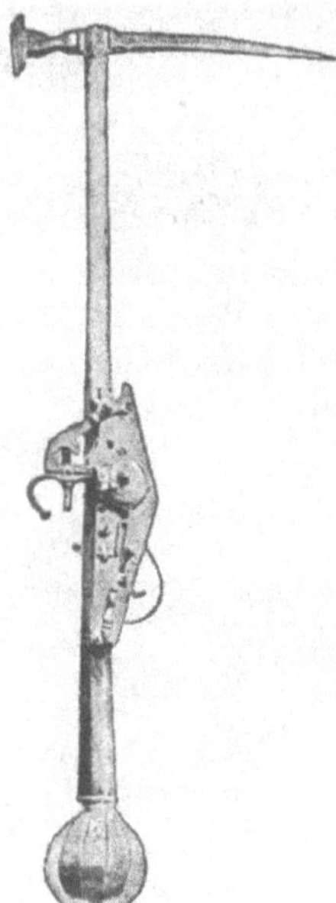

Fig. 7. Streithacke mit Schießvorrichtung. 16. Jahrh.

seitiger, meißelartiger Klinge zum Behauen, verschieden [Jähns]), gehört den ältesten Zeiten vorgeschichtlicher und geschichtlicher Bewaffnung an. Die griechische Doppelaxt später nur bei den Orientalen und als Inventionswaffe (Phantasiewaffe). Als Wurfwaffe (Franciska) ist die Axt mit kurzem Stiel Hauptwaffe der germanischen Völker bis zum 11. Jahrhundert, besonders in der fränkischen Zeit. Seit dem 14. Jahrhundert taucht sie als knechtische Waffe des gemeinen Kriegers wieder auf (mit langausgezogener Schneide und einem Haken an der Spitze, Lochaberaxt in Schottland, Berdiche in Rußland, besonders Trabantenwaffe), und zwar oft mit einem zugespitzten Hammer oder Stachel am Rücken. Die schwere Axt am kurzen Stiel, deren Klinge an kurzem, dünnem Halse sitzt und nach unten scharf zugespitzt ist, heißt Streithacke, und wird, weil gleichfalls aus dem Osten kommend, auch türkische

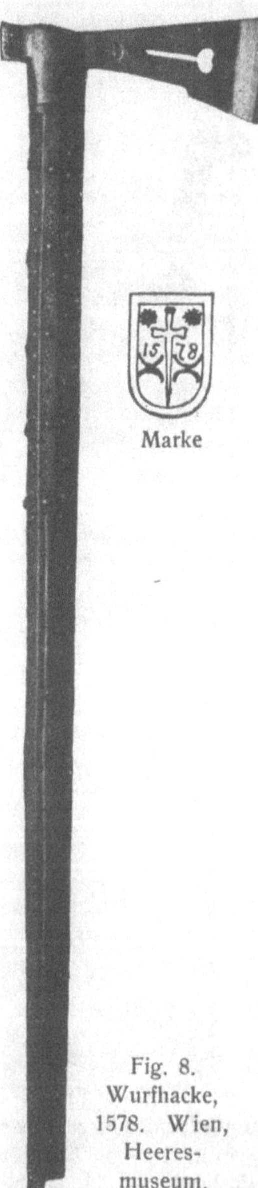

Fig. 8. Wurfhacke, 1578. Wien, Heeresmuseum.

oder polnische Hacke genannt. Griesbeil oder gereisiges Beil ist die schwere Streitaxt, die meist vom Reiter am Sattel geführt wird; oft zeigt ihr Schaft unten eine kleine Parierscheibe, bei reicher Ausstattung (Samtbelag, Umwickelung mit Silberdraht u. ähnl.). In Italien ist auch der Schaft meist aus Eisen und besitzt einen Gürtelhaken am Mittelschaft. Daneben erhält sich die Wurfhacke, eine schmale Axt an verhältnismäßig langem Stiel (Böhmen, Ungarn). Der magyarische Fokos ist eine langstielige Axt mit Hammereisen (galizisch: topor), das türkische Teberzèn eine Axt mit halbmondförmiger Schneide, die oft durchbrochen ist, und deren unteres Ende in eine längere, dem Schaft folgende Spitze verläuft (wie bei der Berdiche). Doppelbeile, im Kampfe fast unbrauchbar, sind Befehlshaberabzeichen. — Die Bergbarte (Barte = Blatt von Beil oder Axt) ist nur Werkzeug oder Paradewaffe, als solche im 16. und 17. Jahrhundert meist künstlerisch sehr reich ausgestattet. Die Axt erscheint im 16. Jahrhundert häufig mit Schießvorrichtung (Radschloßpistole) verbunden, als Kombinationswaffe.

Fig. 9. Türkische Streitaxt (Teber-zèn). 17. Jahrh. Dresden, Hist. Museum.

II. Hiebwaffen

1. Das Schwert (franz. glaive, ital. spada, engl. sword), im Steinzeitalter und in der Bronzezeit nur mit kurzer,

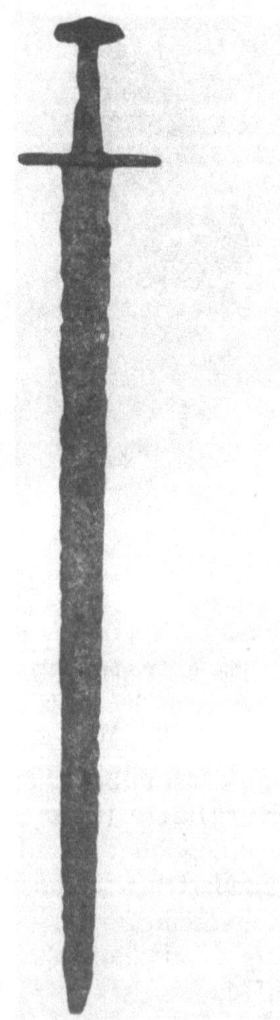

Fig. 10.
Romanisches Schwert.
13. Jahrhundert. Veste Coburg.

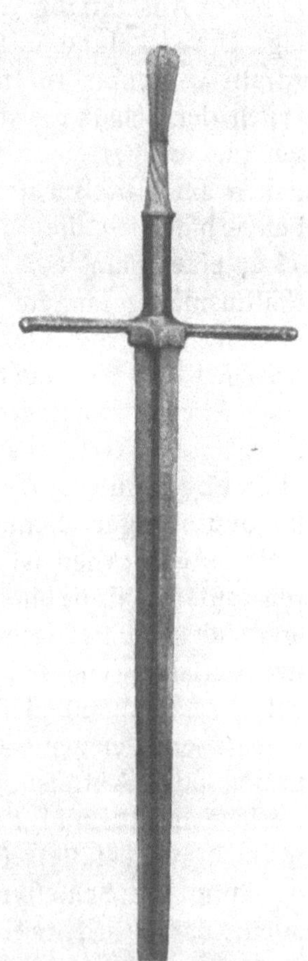

Fig. 11. Gotisches Prunkschwert.
Italien, Ende 15. Jahrhundert.
Dresden.

dolchartiger, für den Stoß berechneter Klinge, bei den Römern noch Kurzschwert (ensis, dann gladius), erscheint bei den Germanen als zweischneidiges Langschwert (spatha) in der Hand des Vornehmen und des römischen

Fig. 11a. Reitschwert des Herzogs Heinrich Julius von Braunschweig. Von Ulrich Jahn, Dresden, um 1580. Dresden.

Söldners, sonst aber anfangs nur als Messer, einschneidig mit starkem Rücken (Sass, Sax oder Scramasax). Die Unterschiede zwischen dem Breitsax (Beowulflied) und dem Langsax (bis 60 cm lang und bis 5 cm breit) sind fließend; beide herrschen in der Zeit der Wurfaxt, der

Franciska, vom 5. bis 8. Jahrhundert, kommen vereinzelt aber noch im Mittelalter vor. Aus dem Scramasax entwickeln sich später gewisse Jagdwaffen (Waidmesser und Hirschfänger, Plötze). Während der Scramasax langen Griff, aber kurze, gerade Parierstange hat, besitzt das Schwert des 10. bis 13. Jahrhunderts, dessen Entwicklung an die Spatha anknüpft, anfangs nur kurzen Griff; die gleichfalls gerade Parierstange (kreuzförmiger Griff) erreicht erst im 14. Jahrhundert etwa die Länge des damals schon schlanker und länger gewordenen Griffes, der meist mit lederüberzogenem Holze (Gehilze) umkleidet ist. Der Knauf macht alle Wandlungen von der Kugel zum Pilz und zur Scheibe durch; auf dem Teppich von Bayeux (1070) ist er meist halbkreisförmig. Damals schon findet man Vertiefungen in der Klinge längs des Rückens, zum Zwecke der Gleichgewichtsverteilung, die man Blutzüge (Blutrinnen, meist fälschlich auch Giftzüge) nennt. Tauschierte Inschriften auf Klingen und Marken erscheinen seit dem 9. (Ulfberht-, Ingelredgruppe), damaszierte Klingen schon seit dem 6. Jahrhundert. Der verlängerte Griff („zu anderthalb Hand") erreicht im 14. Jahrhundert die Maßverhältnisse, die sich dann bis ins 16. Jahrhundert erhalten. Als reine Hiebwaffe, mit gerade verlaufender Schneide, tritt das Schwert später bei den Fußtruppen des 15. und 16. Jahrhunderts auf. Wir unterscheiden u. a.: 1. Das Landsknechtsschwert (Katzbalger) mit kurzer, breiter, wenig zugespitzter Klinge („breitem Ort"), kurzem Griff, meist fächerförmigem Knauf und horizontal S-förmig gebogenen Parierstangen, in der meist reich dekorierten Scheide ein Besteck. Mit schwerem, gitterartigem Korbgefäß und längerer Klinge seit dem Ende des 16. Jahrhunderts „Schiavona", als Waffe der italienischen Söldner, die sich vielfach aus dalmatinischen Slaven rekrutierten, dann auch bei der Reiterei der westeuropäischen Nationen eingeführt. 2. Der Zweihänder (Bidenhander), die

Klingen 120 bis 200 cm lang, an der Angel meist ein, auch zwei Paar kurze, abwärtsgebogene Parierhaken, die Angel

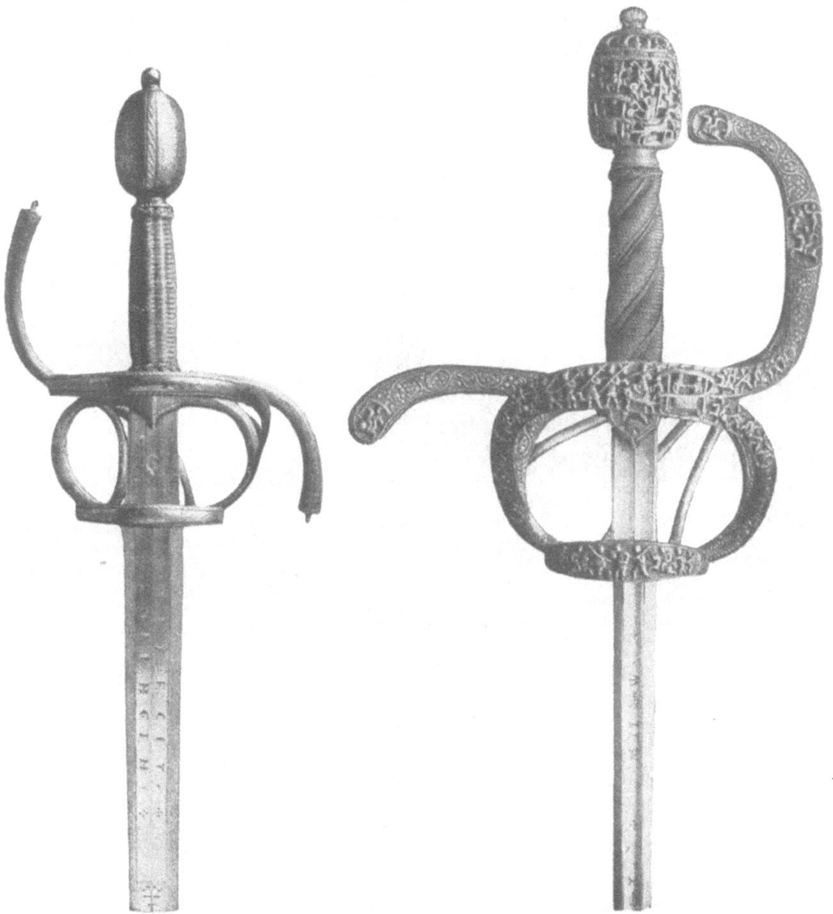

Fig. 12. Reitschwert, das Gefäß mit Gold tauschiert, die Klinge von Clemens Horn in Solingen. Ende 16. Jahrhundert.

Fig. 13. Rappier. Ende 16. Jahrhundert. Dresden.

mit Leder bezogen, weil das Schwert ohne Scheide auf der Schulter getragen wurde; bis 60 cm langer, gedrehter

Griff mit kleinem, kaum angedeutetem Knauf, langen, schneckenförmig nach unten gebogenen Parierstangen, kleinem Parierbügel. Die Zweihänder mit geflammter, im Kampfe wenig brauchbarer Klinge hießen Flamberge.

Fig. 14. Rappier, das Gefäß in Eisen geschnitten, die Klinge von Pedro de Velmonte in Toledo. Um 1590.

Die Umbildung des Schwertes von der Hieb- zur Stichwaffe setzt im 14. Jahrhundert, mit der Entwicklung der besonders in Italien geübten Fechtkunst, ein. Als Küriß-

oder Reitschwert, mit 100—130 cm langer, gerader Klinge (Ende 15. Jahrhundert), besitzt es einen reicher durchgebildeten, die Hand besser schützenden Griff (Gefäß), mit einem oder zwei Parierringen und Faustschutzbügeln, welche von dem Kreuzungspunkt des Gehilzes mit den Parierstangen ausgehend die Angel im Bogen umgeben. Die Parierringe sind manchmal durch eiserne, ornamental durchbrochene Platten ausgefüllt. Zwischen dem Degen (als nicht kriegerische Waffe, Fechtwaffe, Rappier), der, für den vornehmeren Fechtkampf bestimmt, eine dünnere, meist kantige Klinge hat, und dem Reitschwert wird im 16. und 17. Jahrhundert nicht genau unterschieden. Die Reiterwaffe dieser Zeit ist ein Haudegen, der Pallasch (ungar. pallos). In Schottland findet sich im 16. Jahrhundert ein Langschwert mit spitzer Klinge, langem Griff und stark nach abwärts gerichteten Parierstangen, der Claymore. Zu derselben Zeit kommen Kurzschwerter mit geätzten Kalendern auf der Klinge (Kalenderschwerter) und mit zahlreichen abgesetzten Hohlschliffen (Paternosterklingen) in Mitteleuropa vor. — Das Richtschwert hat schon seit dem Mittelalter eine breite, gerade Klinge, ziemlich kurzen Griff und gerade Parierstangen. Die Bedeutung des häufig vorkommenden Loches in der Nähe der Spitze (Bleieinsätze zur Gewichtssteigerung? Aufhängen an die Wand?) ist noch nicht genügend geklärt.

2. Der Säbel, das einschneidige Krummschwert, infolge dieser Krümmung beim Hieb besser schneidend als die gerade Klinge, stammt aus Persien (chimicher, daher im Arabischen: scymithar, franz. verstümmelt cimeterre, sauveterre) und wurde durch die Kreuzzüge in Europa bekannt. Eine kurze, messerartige Waffe, deren Klinge am unteren Rücken scharf geknickt ist und sich dort verbreitert, kommt im 13. Jahrhundert in Frankreich als fauchon (von faux, Sense) vor, später mit etwas längerer Klinge, als badelaire, als Waffe der Seeleute, mit sehr schwerer,

nur an der Spitze zweischneidiger Klinge craquemart, in Deutschland (15. Jahrhundert) malchus. Die Italiener nennen das kurze Krummschwert coltelaccio (= großes Messer), daraus dann cordelas und in Deutschland Kordelatsch. Bei den italienischen Reitern des 16. Jahrhunderts findet sich der Kordelas, oft mit reicher Ausstattung des in der Regel nur kreuzförmigen Griffes, neben dem Langschwert, der spada; in Deutschland wird er damals auch viel als Hauswehr von den Bürgern und Studenten getragen. — Die Dusägge (czech.) oder der Dussack ist eigentlich nur eine Fechtwaffe, eine breite, gebogene Klinge ohne Griff, mit einem schlitzartigen Loch für die Hand, böhmischen Ursprungs; der Name wird im 16. und 17. Jahrhundert oft für alle Arten Krummschwerter gebraucht.

Der türkische Säbel (kilidsch, auch sarass, d. i. Sarazenenwaffe), mit starker Krümmung der dünnen, in der Regel mit Blutrinnen versehenen, an der Konkavseite scharf geschliffenen und unten spitzen Klinge, mit kreuzförmigem, im 16. Jahrhundert noch knauflosem Griff, gewinnt später großen Einfluß auf die Entwicklung der europäischen Hiebwaffe. Charakteristisch und für die Formenwandlung der Griffe maßgebend sind die metallene Kappe des mit dem Griffe ein Stück bildenden Knaufes und die auf- und abwärts gerichteten Ansätze der Parierstange am Gehilze (Mitteleisen). Der Griffbügel fehlt oder wird durch eine Kette ersetzt. Das Gehilze ist mit Stoff bezogen, meist aber aus Metall, Elfenbein, Fischhaut oder dgl. Neben den persischen Klingen (Khorassanklingen) werden indische geschätzt, die gelegentlich Rinnen mit eingelassenen Perlen aufweisen. Die Scheiden haben als Metallbeschlag nicht nur das Ortband unten, sondern auch das, dem europäischen Mittelalter unbekannte Mundblech, beide breit und ornamental reich entwickelt, dazu mehrere (bis sechs) Spangen mit Ringen für das Gehenke. Diese Griff- und Scheidenbildung finden sich, in entsprechender Weiterentwicklung, an den Säbeln der europäischen Armeen bis in die Gegenwart. Die Karabela, ein polnisches Krummschwert, zeichnet sich durch einen Griff mit kurzen, stark abwärts bis an die Angel gebogenen, meist in Köpfe ausgehenden

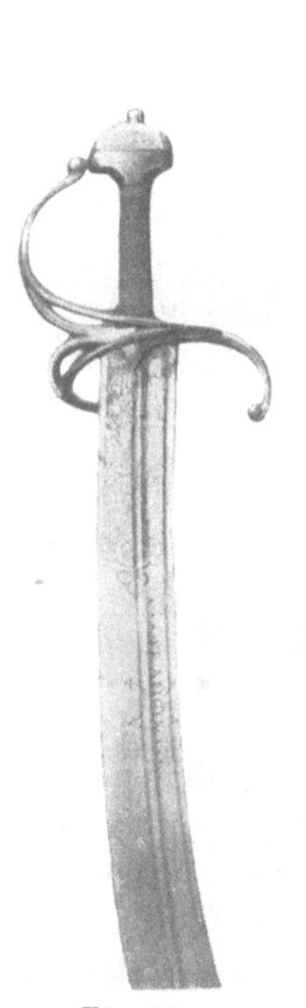

Fig. 15.
Säbel, Ende 16. Jahrhundert.
Dresden.

Fig. 16. Säbel mit orientalischem Griff aus Jaspis, mit Edelsteinen besetzt. 18. Jahrhundert.

Parierstangen aus. Sichelschwerter, d. h. Klingen, deren Schneide nach innen gekrümmt ist, sind der türkische Khandschar oder Handschar; die Klinge ist hier erst konvex, nach der Spitze zu leicht konkav gebogen; der

Griff, aus dem Kopfe eines Röhrenknochens entstanden, hat demnach einen zweilappigen Knauf (Ohren), aber keine Parierstangen. Die kleinere Form des Handschars, der Yatagan, nähert sich mehr dem Dolch; er stammt aus Indien.

Seit dem Ende des 17. Jahrhunderts ist der Säbel (aus dem slavonischen: sabla) die herrschende Blankwaffe; sein Griff, mit dem metallenen Rückenbeschlag, wird kaum weiter durchgebildet. In dem Pallasch verbindet sich dieser Griff, der ein wenig gebogen ist, mit der langen, einschneidigen, geraden oder nur wenig gekrümmten Klinge des Haudegens.

Das japanische Schwert[1]) steht an idealer und materieller Bedeutung wie an künstlerischem und technischem Wert dem orientalischen und europäischen nicht nach. Die Kunst der japanischen Klingenschmiede kann auf eine jahrtausendelange glänzende Tradition zurückblicken. Das Besondere ihrer Verwendung liegt darin, daß die kostbare, oft aus edelstem Damast gearbeitete Klinge nicht mit dem Griff fest verbunden ist, sondern leicht von diesem getrennt und mit neuen, in einzelne Gruppen geordneten Griffteilen verbunden werden kann. Über die Zunge (Angel) der Klinge (katana) wird ein Stichblatt (tsuba) gesteckt, und dann erst wird sie in den Holzkern des Griffes eingeschoben, der mit Rochenhaut überzogen ist und eine kunstvolle Schnürenumwicklung trägt; ein Holzpflöckchen greift durch ein Loch in der Angel und hält diese an dem Griffe (touka) fest. Das Ende des Griffes deckt ein Kopfstück (kashira), durch dessen Durchbohrungen die Griffschnur geht; am andern Ende des Griffes wird in einem Ringe (fuchi) die Dekoration der Kashira fortgesetzt. Zwei kleine metallene Zierstücke (menuki) sitzen in der Umschnürung des Griffes, ursprünglich aber wohl am Griffpflock, um

---

[1]) Vgl. Bd. 2 dieser Bibliothek: Kümmel, Kunstgewerbe in Japan, Seite 69—94.

diesen zu sichern. In der scheibenförmigen tsuba sind außer dem Schlitz für die Angel bei dem Kurzschwert (wakizashi) noch zwei weitere Öffnungen für das Schwertmesser

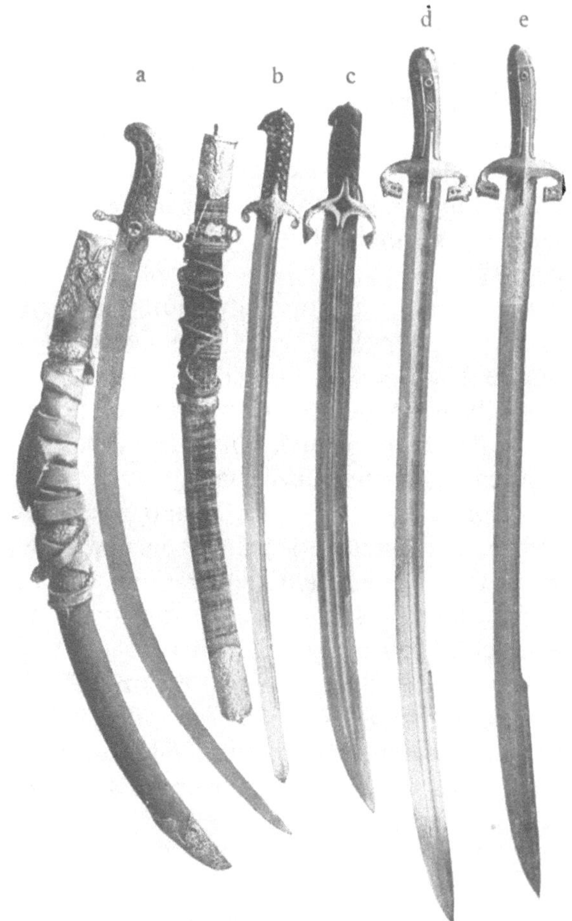

Fig. 17. a) Säbel des Kurfürst Johann Georg II. von Sachsen, 1675. b—e) Polnische Säbel (Karabelas), 2. Hälfte des 17. Jahrhunderts.

(kozuka) und die Schwertnadel (kogai), deren Bestimmung unbekannt ist. An der künstlerischen Durchbildung dieser verschiedenen Metallteile haben Generationen bedeutender Meister ihr Können erprobt. In den frühesten bekannten Tsubas, aus dem 10.—12. Jahrhundert, herrschen einfache Durchbrechungen in der Form von wappenmäßig stilisierten Tieren, Pflanzenornamenten u. dgl. Die Stichblätter der Kamakuraperiode (1185—1337) weisen auch flache Reliefdekoration auf; in der Ashikagaperiode (1337 bis 1573) werden die Durchbrechungen feiner, filigranartiger, und Einlagen von Edelmetall, Kupfer und Messing treten auf. Gegen Ende des 16. Jahrhunderts finden sich schon vollrund ausgearbeitete Verzierungen, als Material neben dem Eisen auch Bronze verwendet, und bei den Arbeiten der Gotoschule Ziselierungen von unerhörter, später nicht wieder erreichter Feinheit. In der Zeit des Usurpators Hideyoshi und seiner Nachfolger, der Tokugawadynastie (bis 1868) tritt der praktische Gebrauch des Schwertes immer mehr in den Hintergrund. Vielfach werden die Tsubas der klassischen Meister noch nachgeahmt, aber in der Hand der Goldschmiede, die jetzt, statt der Plattner und Schwertfeger, das Handwerk beherrschen, wird die Tsuba immer mehr zum Gegenstand einer raffinierten, auf üppige Materialwirkungen ausgehenden Luxuskunst. Alle Arten von Metallgemischen treten auf; oft wird die Grundplatte aus weicherem Metall gearbeitet: Bronze, Kupfer, einer hellgrauen Silberbronze (shibuichi) oder der, von den Gotomeistern viel benutzten schwarzen Goldbronze (shakudo). In den Vertiefungen werden Wappen, Blumen und Vögel aus opaken Glasflüssen oder Goldzellenschmelz eingeschmolzen (Hiratafamilie), oder die Fläche wird zu hohen Reliefs ausgetrieben (Narafamilie). Die ziselierten oder tauschierten Darstellungen umspannen nun das ganze Gebiet bildmäßiger Vorstellungen der Japaner, enthalten daneben historische und mythologische Szenen. Zu den zwei großen Schulen der Tokugawazeit gesellt sich als dritte die von Yokoya Somin († 1733), der in Gravierung die kalligraphischen Züge der Tuschmalerei nazubilden versucht. Die Erzeugnisse der neuesten Zeit, seit dem Eintritt Japans in die abendländische Kultur mit der Ära Meiju, sind Epigonenarbeit mit allen Kennzeichen industrieller Verflachung und Verweichlichung.

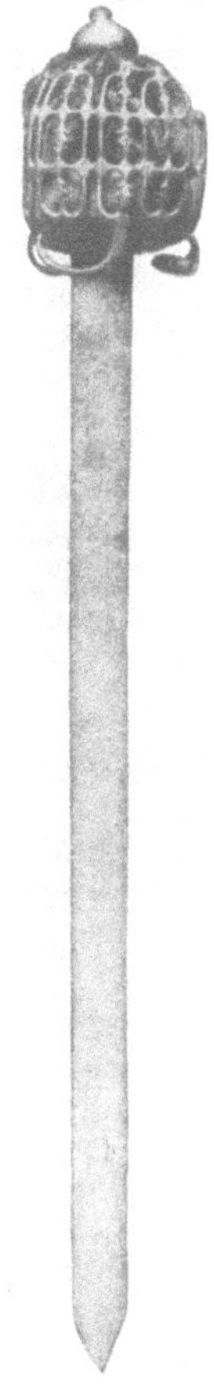

3. Der Degen (von daga, span. und ital., langer Dolch, = dêgen im Mittelhochdeutschen), seit dem Anfang des 16. Jahrhunderts in Deutschland als Stoßwaffe im Gebrauch der Berittenen und Vornehmen, hat hier seinen Vorläufer in dem Bohrschwert (Borschwert, Bratspieß, franz. Bordelaise), mit pfriemenartiger, bis zu 1,50 m langer Klinge mit einem starken Mittelgrat oder drei- bis vierseitigem Querschnitt mit stumpfen Kanten. Aus ihm bildet sich dann der Panzerstecher, gleichfalls noch mit einfachem, kreuzförmigem Griff. Diese festen, harten Klingen wurden in der Türkei, Ungarn und Polen noch späterhin neben dem Säbel geführt. Der spanische Stoßdegen eroberte sich in der Zeit Karls V. und Ferdinands I. die Gunst der germanischen Völker, und die von Italien aus immer wissenschaftlicher durchgebildete Fechtkunst brachte die reiche Entwicklung seines Griffes zu dem, die Hand völlig schützenden Degengefäß mit sich. Folgende Teile des Griffes sind zu unterscheiden: a) Knauf, b) Gehilze, c) Parierstangen, d) Parierringe, anfangs nur an der Außenseite, später an beiden Seiten, e) Parierbügel (nach abwärts gegen die Klinge herabgebogen), f) Faustschutzbügel (Eselshuf), d. h. eine gebogene Stange, welche die Parierbügel verbindet, g) Griffbügel, aus der nach oben bis zum Knauf gebogenen, verlängerten Parier-

Fig. 18. Schiavona. 2. Hälfte des 16. Jahrh. Berlin, Zeughaus.

stange entstanden. Der Griffbügel tritt dann neben den Parierstangen auf, spaltet sich und geht in die Parierbügel über. h) Parierknebel, von der Parierstange abwärts oder von den Parierbügeln aufwärts gebogene kurze Haken; i) Stichblatt, eine meist durchbrochne Metallplatte im Parierring. Die Kombinationen dieser Einzelteile ergeben den Degenkorb (Spangenkorb), der um 1600 vollkommen entwickelt ist. Eine durchbrochene Halbkugel, die Glocke, verbunden mit langen, geraden, oft gedrehten Parierstangen und manchmal einem einfachen Griffbügel, kennzeichnet den spanischen Rauf- oder Fechtdegen. Degen und Rappier (Feder) unterscheiden sich nur im allgemeinen durch geringere oder größere Elastizität der Klinge. Der Haudegen, als Fußknechtswaffe, ist einschneidig und nur an der Spitze zweischneidig. Der Italiener nennt die harte, unbiegsame Klinge stocco, die geschmeidige pinna (Feder), woraus dann im Deutschen die Bezeichnung Federfechter für den, in der eleganten italienischen Fechtkunst Geübten entstand. Der Hofdegen des 18. Jahrhunderts behält nur noch den geraden, mit deutlich abgesetztem Knaufe versehenen Griff und kurze, kräftig gebildete Parierstangen bei, dazu manchmal eine kleine, leicht gekrümmte Parierscheibe. Im kriege-

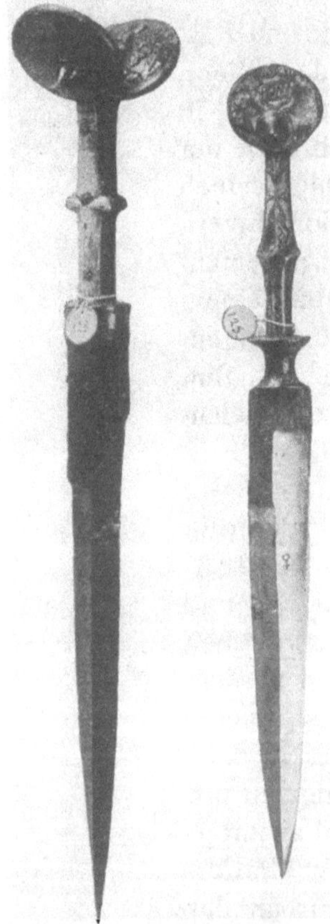

Fig. 19. Italienische Ohrendolche. Ende 15. Jahrh.

rischen Gebrauch finden wir den Degen seit dem Anfange des 17. Jahrhunderts nur noch bei Offizieren.

Das D e g e n g e f ä ß ist stets zum besonderen Gegenstand aller Dekorationskünste, des Eisenschnittes, der Tauschierung, Vergoldung, Emaillierung, der Ausstattung mit Edelsteinen und Perlen, Kameen und Korallen u. dgl. gemacht worden. Nicht minder zeigte sich die Prachtliebe der Besitzer in dem Verlangen nach hervorragenden Klingen. In Spanien waren Toledo und Sevilla, in Italien Mailand, Brescia, Bergamo, Serravalle und Florenz, in Frankreich Tours und Lyon, in Deutschland Solingen Hauptstät-

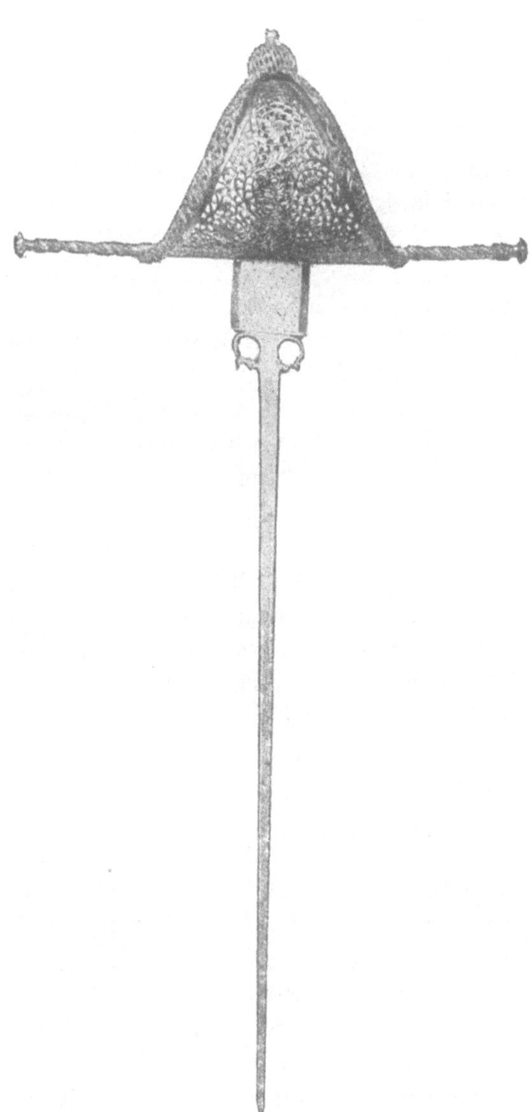

Fig. 20.
Italienischer Fechtdolch (Linkhand). Um 1550.

ten der Klingenerzeugung. Die Fähigkeit der Schwertfeger, die Klingen zu durchbrechen, den Namenszug des Meisters in den tiefen Rinnen als erhabene Schrift stehen zu lassen, Marken, Devisen und Dedikationen in den Stahl zu schneiden, ohne dessen Stärke und Widerstandsfähigkeit zu schädigen, hat sich in zahllosen wundervollen Stücken, die zum stolzesten Besitz unserer Museen zählen, kundgegeben. Der Reichtum und die Wandlungsfähigkeit der Erfindung, die wir in der rein ornamentalen wie in der, von naturalistisch frei behandelten Motiven getragenen Bildung der Degen im 16. und 17. Jahrhundert beobachten können, ist unerschöpflich.

4. Der Dolch (ital. pugnale, französ. poignard, engl. dagger), dessen Name aus dem althochdeutschen tolg = Wunde abgeleitet ist, erscheint in der Bronze- und La Tènezeit als breite, bald blattförmige, bald scharf zugespitzte Klinge mit merkwürdig S-förmig gebogenem Griff. In den ersten Jahrhunderten der germanischen Geschichte vom Scramasax verdrängt, findet er sich vom 13. Jahrhundert ab als wichtiges Stück der ritterlichen Bewaffnung, das der Krieger an einer Kette von der rechten Brust herabhängen läßt, oder am Gürtel, dem tief unter den Weichen sitzenden Dupsing befestigt. Der Griff zeigt ein derbes, oft gewundenes Gehilze, der Knauf ist rund oder kantig, die Leiste (zwischen Griff und Klinge) zu einer kleinen Parierscheibe ausgebildet. Der Gnadgott (misericordia) des 14. und 15. Jahrhunderts, mit dem man dem gefallenen Feinde den Gnadenstoß gab, zeigt eine dünne, kantige, pfriemartige Klinge. Eine Scheide ist ihm in dieser Zeit nur selten beigegeben, nie, wenn er an einer Kette vom Lentner herabhängt. Im 15. Jahrhundert wird der Dolch, dessen Klinge rund, kantig oder flach, blattförmig, mit Mittelrippe erscheint, rechts an den Bauchreifen oder an dem Gürtel befestigt, dann auch, in Verbindung mit der Ledertasche, als bürgerliches Waffenstück vorn am Gürtel getragen.

Fig. 21. Schweizerdolch, auf der Scheide die Darstellung des Parisurteils. 1. Hälfte des 16. Jahrhunderts. Zürich, Landesmuseum.

Die Landsknechte führen einen Dolch mit langer, starker Klinge oder den Schweizerdolch: dieser zeichnet sich durch eine breite, flache Klinge, einen Holzgriff, dessen Knauf und Parierstange gleichmäßig gebildet, und zwar in leiser Krümmung gegeneinander gebogen sind, und eine Scheide aus durchbrochnem, mit Samt unterlegtem Messingguß mit figürlichen Darstellungen aus (Entwürfe Hans Holbeins d. J., 1. Hälfte 16. Jahrhundert). Als kräftig entwickelten Dolch, nicht als Hiebwaffe, muß man die Ochsenzunge ansprechen (langue de bœuf, cinque-dea, weil die Klinge an der Angel eine Hand oder fünf Finger = cinque dea breit war, anelace, von anneau = Ring und lace = Schnur), eine italienische Hauswehr mit breiter, nach unten energisch zugespitzter, mit Hohlschliff und Ätzdekoration versehener Klinge. Knauf und Griff sind aus einem Stück gearbeitet, die kurzen Parierstangen leicht abwärts gebogen, alles oft aus kostbarem Material und in Niello oder mit Medaillen reich ausgestattet. (Zwei Typen: die venezianische, meist aus Verona stammend, mit elfenbeinernem Griff, und die reichere ferraresische.) — Die Fechtkunst des 16. Jahrhunderts erhebt den Dolch zur Schutzwaffe; in der linken Hand geführt (Linkhand, main gauche), trägt er dann ein Gefäß, in dem sich, ähnlich dem Korb des spanischen Raufdegens, eine mehr oder weniger durchbrochene, gebogene Platte, die sich von dem Knauf zu den Parierstangen verbreitert, mit dem Kreuzgriff verbindet. Dolche mit gezahnten Klingen, deren Öffnungen durch Federbolzen nach außen geschlossen sind, Degenbrecher, sollen die Klinge des Gegners abfangen und seiner Hand entwinden; Springklingendolche lassen neben der pfriemartigen Hauptklinge durch Federkraft je eine Seitenklinge im Winkel von ca. 45° herausspringen, nicht etwa um die Wunde des Feindes zu erweitern, sondern um eine größere, fast fächerförmige Parierfläche zu gewinnen, zwischen deren Zacken sich der gegnerische Stahl wohl auch verfangen konnte.

Der Ohrendolch (dague à oreilles), zwischen dessen, in zwei flache Blätter geteilten, metallenen Knauf man den Daumen legte (15. Jahrhundert), geht wohl auf orientalische

Fig. 22. Plötze (Waidblatt) mit Scheide und Besteck. München, um 1610. Dresden.

Vorbilder zurück. Wenigstens zeigen maurische Dolche diese, an den Griff des Handschars erinnernde Form. Aus dem Orient kamen auch die breiten, geraden persischen Dolche und die mit gekrümmten oder geflammten Klingen versehenen türkischen (pâlé) nach Europa; daneben findet sich der indische Khuttar, eine Stoßwaffe mit kurzer, fast dreieckiger Klinge und einem leiterförmigen Griff, dessen, zwischen einer breiten Gabel liegende Querstangen man von oben packt (es kommen auch solche mit doppelten Klingen vor) und der malayische Kris, mit geflammter Klinge und asymmetrisch gebildetem Griff, in vielen europäischen Waffensammlungen. — Als kriegerische Waffe verschwindet der Dolch im 17. Jahrhundert; nur in Italien, wo die Sienesen und Venezianer seit dem 15. Jahrhundert mit langen (Sieneser) und kurzen (fussetti, durch Gradeinteilung als artilleristisches Werkzeug maskiert, venezianisch) Dolchen die, schnellem Dreinschlagen nur allzu geneigte Bevölkerung versehen hatten, spielt das Stilet (stiletto, vom latein. stilus) selbst als Ausstattungsstück der weiblichen Garderobe noch später eine nicht zu übersehende Rolle. Hier finden auch die orientalischen Dolche, deren kostbare Ausstattung mit Edelsteinen, besonders Türkisen und Granaten, Treibarbeit in Gold und Silber, Email und Tausia dem Luxus entgegenkam, stets zahlungsfähige Liebhaber. Als Dolchmesser (Faschinenmesser) wird der Dolch praktisch heute nur noch von der Marine geführt.

III. Stangenwaffen (für Schlag, Hieb und Stoß)

Unter Stangenwaffe verstehen wir die Verbindung einer Waffe mit einem Stiel, der in der Regel die Körpergröße ihres Trägers an Länge übertrifft und mit beiden Händen geführt wird. Eine wissenschaftlich einwandfreie Systematik der Stangenwaffen ist nur auf dem Wege der biogenetischen Untersuchung möglich. Nach der Entstehung und dem Zwecke sind folgende Haupttypen zu unterscheiden: 1. Stangenwaffen zum Schlagen mit axtförmigem Eisen: Helmbarten; 2. zum Schlagen und Hauen mit messerförmigem Eisen: Gläven; 3. zum Stoßen (Stechen) mit einer Spitze: Spieße; 4. zum Stoßen (Stechen) mit mehreren Spitzen, d. h. einer Mittelspitze und zwei Nebenspitzen (Ohren): Partisanen. — Keulen und Hämmer an einer Stange kommen nur selten, in den Urzeiten und gelegentlich als Bauernwaffe vor. Der Morgenstern, eine mit Stacheln besetzte runde oder zylindrische Keule, oft mit einer langen Spitze am Ende, tritt auch als Stangenwaffe im 15. und 16. Jahrhundert auf. Hierhin gehört auch der Kriegsflegel (Trysch = Drischel), eine oft mit Eisen beschlagene und mit Stacheln und einer Spitze ausgestattete Keule, die an einem beweglichen Kettenglied von der Spitze der Stange herabhängt. (Schlachtgeißel: mit kurzem Stiel und Stachelkugel.)

1. Die Helmbarte (eine Barte, d. h. Beil an einem Halm [Helm] d. h. Stiel), schon im 16. Jahrhundert auch, in Umbildung der italienisierten Urform „alabarda“ oder der französischen „hallebarde“, Hellebarde genannt, ist von den Schweizern erfunden und in ihren Kämpfen gegen Österreich (Morgarten 1315, Sempach 1386) zuerst gebraucht worden. Damals schon erhielt sie eine, gewöhnlich mit dem Beil aus einem Stück geschmiedete Spitze, die sie zur Stoßwaffe geeignet machte, und einen Stachel am Rücken (Rabenschnabel), der wohl im Kampfe des Fußknechtes gegen den Ritter, zum Einhaken in den Harnisch und Herabziehen des Gewappneten vom Gaule gute Dienste geleistet hat. Ihre Blütezeit erlebt sie im 16. Jahrhundert; seit dem 17. ist sie fast nur noch als Trabantenwaffe zu finden. Die Entwicklung ihrer Form löst die anfangs enge Verbindung von Axt und Spitze immer mehr; der Hals der Axt wird schlanker, die Schneide schrägt sich nach unten ab, wird konvex gekrümmt bis zur Halbmondform, S-förmig gebogen, die Axt verdoppelt sich; der Rückenhaken (Rabenschnabel) krümmt sich nach unten, wird, dem Axtblatt gleich, durchbrochen und verschnitten; die Spitze, bald blatt-, bald pfriemenförmig (vierkantig), oft durch einen Knauf vom Schaft getrennt, wächst bis zur

Länge von 0,80 m: die Stoßwaffe drängt die Hiebwaffe zurück. Die Verwendung der Helmbarten als Prunkwaffen kommt ihrer dekorativen Ausstattung entgegen: im 16. und 17. Jahrhundert sind sie geätzt, mit Wappen, Initialen und oft mit Jahreszahlen geschmückt, mit messingenen Ornamenten belegt, am Schaftansatz mit reichen, golddurchwirkten Quasten geschmückt. Der Schaft mit den sehr langen Schaftfedern ist mit Samt oder Leder umkleidet oder mit Riemen kreuzweise umschnürt. In der Hand des Unteroffiziers bei den Armeen des 18. Jahrhunderts heißt sie „Unteroffiziers-Kurzgewehr".

2. Gläve (von gladius, Schwert), franz. guisarme, engl. gisarm, d. h. Stangenschwert oder -messer, eine einschneidige, mit einer Dülle auf einen Schaft gesteckte oder durch Federn an ihn genagelte Klinge, zeigt schon in ihren frühesten Exemplaren, aus merovingischer und karolingischer Zeit, einen Rückenstachel. Im 15. Jahrhundert biegt sich die Schneide an der Spitze sichelförmig um, der Rücken treibt eine lange Spitze aus, an der Dülle bilden sich zwei kurze parierknebelartige Dornen: in dieser Form dringt sie von Italien nach der Schweiz und Frankreich vor und wird bald „italienische Hellebarde" (obwohl sie mit der Stangenaxt nichts gemein hat), bald „italienische Gläve" oder „Roßschinder" (italien. roncone = große Hippe) genannt (angeblich weil der Fußknecht die Haken in die Sehnen des Pferdes einhieb und dadurch Roß und Reiter zu Fall brachte). Als Trabantenwaffe, mit breiter, manchmal stark konkav geschwungener, manchmal kredenzmesserartig gerundeter Klinge, immer mit einem Rückendorn, der willkürlich aufwärts- oder abwärts gebogen, bald als Klingenfänger, bald als Haken angesprochen werden kann, in seiner stilistischen Umbildung schließlich aber gänzlich mißverstandene Formen annimmt, ist sie im 16. Jahrhundert an vielen italienischen Höfen eingeführt. — Die kursächsische Trabantengläve aus der Zeit der Kur-

fürsten August und Christian I. zeigt eine breite, schwere, an der Schneide geflammte Klinge mit reichem Ätzdekor, die mittels zweier Rückenösen an einen Schaft gesteckt ist;

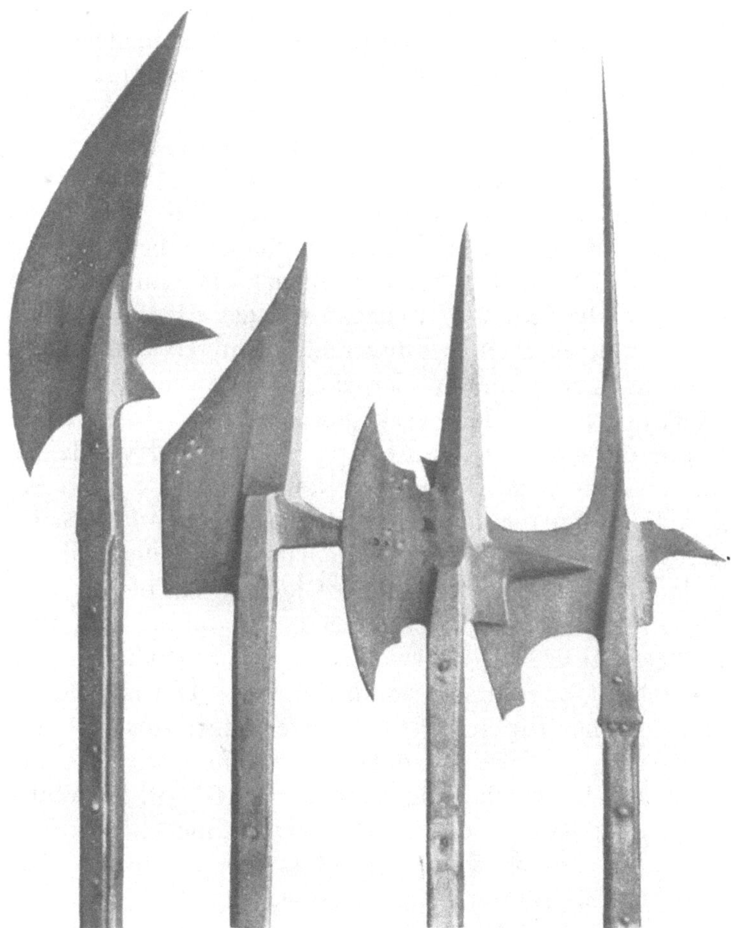

Fig. 23. Helmbarten, 15. Jahrh. München, Nationalmuseum.

der Haken sitzt nicht an der Klinge, sondern selbständig am oberen Schaftende. — In ihrer reinen Form als Stangenmesser (franz. vouge oder fauchard, von faucher = mähen, italien. falcione), also Hiebwaffe, ist sie Paradewaffe der Schweizergarden an europäischen Höfen, seit dem 17. Jahrhundert unter dem Namen Couse (von couteaux = Messer, auch Kuse, poln. Krakuse), besonders in Spanien und Wien. Bis in die Gegenwart führten sie noch die königlich bayrischen Hartschiere (eigentlich italien. arciere, franz. archer = Bogenschütze).

3. Der Spieß oder Speer ist entwicklungsgeschichtlich die früheste der Stangenwaffen und, im Gegensatz zu den vorhergenannten, von Anfang an auch Wurfwaffe (Fernwaffe). Der Ger der germanischen Stämme dient in seiner schwereren Form dem Stoß, in seiner leichteren, mit spitzer Klinge, mehr dem Wurf; ebenso wie das pilum der römischen Soldaten in einer schweren, wuchtigen Form und in einer leichteren, mit Widerhaken am Eisen, vorkommt, neben der, nur für den Fernkampf bestimmten lancea oder cuspis, die auch als Riemenspeer gebraucht wurde (ein um die Finger geschlungener Riemen erhöhte beim Abwickeln infolge der dadurch erfolgten Drehung des Schaftes die Schwungkraft). Ein Wurfspieß mit Widerhaken ist auch der ango der Britannier. Die von Tacitus als Lieblingswaffe der freien Germanen genannte Framea (Etymologie strittig, vielleicht von fram, framr = kühn [Grimm, Müllenhoff], oder bram = Rand [Jähns], jedenfalls nicht von dem Stamme „Pfriem“) ist ein kurzer Speer zum Nah- und Fernkampf, als solcher hauptsächlich Reiterwaffe, mit einer ursprünglich meißelförmigen Steinklinge (Celt). Die Widerhaken oder Knebel, die an den kurzen Spießen im frühen Mittelalter immer wiederkehren (s. die Lanze des heil. Mauritius im Dom zu Krakau, 9. Jahrhundert) sind wohl von den Jagdspießen übernommen, die schon im Altertum damit ausgestattet sind. Als Wurfwaffe verschwindet der Spieß in der zweiten Hälfte des Mittelalters aus den Heeren und taucht nur bei den Landsknechten des frühen 16. Jahrhunderts noch einmal als Schefflin (franz. javelin oder

Fig. 24.
Kursächsische Trabantengläve.
Ende des 16. Jahrhunderts.
Berlin, Zeughaus.

Fig. 25.
Trabantencouse der Leibgarde
des Salzburger Erzbischofs Marcus
Sitticus Graf Hohenems, um 1615.
Salzburg, Museum.

javelot, vom lateinischen jaculum) auf; sein Schaft ist, wie ein Pfeil, leicht befedert. Die Italiener (giavelotto) und Spanier haben ihn vielleicht in Nachahmung des in Südspanien von den Mauren eingeführten kurzen Wurfspießes arab. djerid, maurisch dar) im nördlichen Europa eingeführt (Javelot).

Bis zum 15. Jahrhundert führten Reiterei und Fußvolk ziemlich die gleiche Art Spieße: das blattförmige oder kantige, pfriemartige Eisen ist mit langen Schaftfedern und einer Dülle auf der Stange befestigt; diese ist in der Regel aus Eschenholz, das geschält und dann genarbt oder noch mit der Rinde versehen ist, um ihm eine dem Abgleiten der Hand hinderliche Rauhigkeit zu verleihen. Der verschiedene Zweck und Gebrauch läßt dann in der Zeit, als die vollgeharnischten Reiter immer mehr in Gegensatz zu den Fußknechten gerieten, welche der überlegenen beweglichen Wucht jener mit langen und kräftigen Verteidigungswaffen zu begegnen suchten, zwei Reihen der Formenentwicklung des Spießes entstehen. Der Knecht führt den gemeinen Spieß mit relativ kurzem, schwerem Schaft oder den Ahlspieß; dieser, aus der Schweiz stammend, hat ein sehr langes, vierkantiges Eisen und an der Dülle eine kleine runde Parierscheibe. Der Landsknechtspieß der maximilianischen Zeit heißt Pinne; aus Italien, wo schon z. B. 1327 die Bürger von Turin solche lange Spieße trugen, war er durch die Schweiz zu den Söldnern des Kaisers gekommen und brachte in der Schlacht von Pavia 1525 dem deutschen Heere den Sieg. Als „Langen Spieß" rühmen ihn die zeitgenössischen Quellen; die Länge betrug 3,85—5,15 m, in der Regel 4,50—5,00 m. Die Knechte mit diesen furchtbaren Waffen hielten, in der vordersten Reihe des Keiles oder der gevierten Ordnung stehend, dem Anprall der Reiterei wohl Stand. Die Spieße mit derben blatt- oder rhombenförmigen Eisen, die deutschen, im Gegensatz zu den schweizerischen mit schmäleren, pfriem-

Fig. 26. Bärenspieß. Ende des 16. Jahrh. Dresden.

Fig. 27a. Partisane Salzburg, 1620.

Fig. 27. Partisane d. Trab. des Erzbischofs Firmian v. Salzburg. 1. H. d. 18. Jahrh.

artigen Spitzen, nannte der Landsknecht Froschmäuler. Den langen Spieß des 17. Jahrhunderts nennt man Pike (von piquer, stechen), seine Träger Pikeniere; die Länge dieses Spießes, der sich neben den Feuerwaffen im Nahkampfe zu behaupten wußte, entsprach ziemlich der seiner Vorgängerin, der Pinne. Die Stückknechte der Artillerie führten Spieße mit schnabelartig gebogenen Seiteneisen, in deren gespaltenes Maul die Lunte eingeklemmt wurde (Luntenspieße).

Der Spieß als Reiterwaffe hieß im 15. Jahrhundert Reisspieß, d. i. Spieß des Reisigen = Berittenen. Das Gewicht der Spitze erhielt durch eine Verdickung des Schaftfußes ein Gegengewicht; der Spieß wurde unter den rechten Arm geklemmt und auf einen, rechts an der Brust angeschraubten Haken, den Rüsthaken, aufgelegt, wo eine trichterförmige Scheibe, die Brechscheibe, die haltende Hand deckte. An der Dülle war der Schaft manchmal durch Umwicklungen, Quasten, Federn oder einen Fuchsschweif geziert. Noch reicher war die Ausstattung des, im übrigen ähnlich gebildeten Turnierspießes, der Stech- oder Rennstange, an der Wollbüschel, Bänder und Federranken in den Farben des Kämpfers den Schaft oft ganz bedeckten. Die Turnierstange lag, in der Zeit des vollentwickelten Turnierzeuges, nicht nur auf dem Rüsthaken, sondern mit ihrem Fuß unter einem Haken, der von einer schweren Eisenschiene an der rechten Brustwand rückwärts ausging, dem Rasthaken. Der Springstecken, eine etwa 2 m lange Stange mit eisernen Spitzen an beiden Enden, wie er im 17. Jahrhundert von niederländischen und schwedischen Musketieren gebraucht wurde, wird nur in besonderen Fällen als Waffe gedient haben; trug er in der Mitte einen seitlichen Haken, konnte er als Musketengabel dienen. Durch die Löcher eines vierkantigen Balkens kreuzweise gesteckt, bildeten diese Spieße, die man auch Schwedenfedern (oder Schweinsfedern) — irrtümlich aus dem engl.

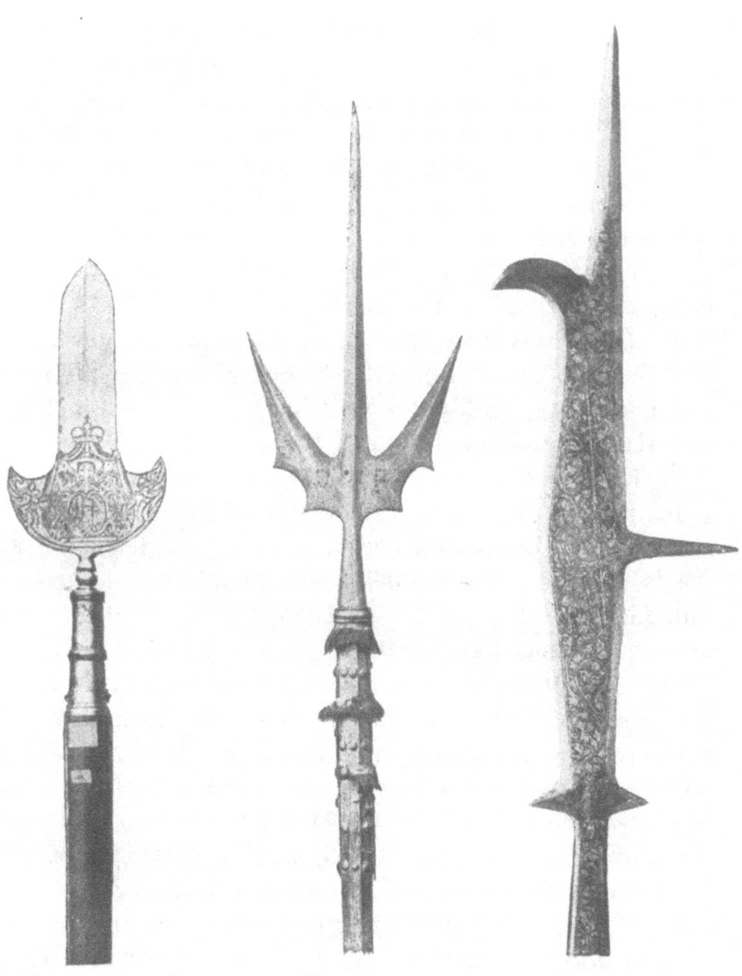

Fig. 28. Sponton der Leibgarde des Salzburger Erzbischofs Siegismund Christof Graf Schrattenbach. 2. Hälfte des 18. Jahrh.

Fig. 29. Runka (Korseke). Anfang des 16. Jahrhunderts.

Fig. 30. Paradegläve. Anfang 17. Jahrh. Berlin, Zeughaus.

„swines feather“ statt „swedish feather“ — nannte, eine Art Palisadenzaun für das Feldlager (Spanischer Reiter). Später geben auch die Kürassiere (Kürisser, geharnischte Reiter) den schweren Reisspieß auf, und nur noch die aus polnischen und ungarischen Reiterscharen entstandenen Truppen der Ulanen und Husaren führen die leichte, lange Lanze. Diese begegnete im 17. und 18. Jahrhundert oft dem leichten, bis zu 3 m langen, mit langer Stoßklinge versehenen Reiterspieß der türkischen Truppen, der Copie, wie sie die Sipâhis der osmanischen Heere vor Wien, Szigeth, Salankemen und Zenta führten.

4. Die Partisane, der Spieß mit blattförmiger Klinge und Seitenhaken, Ohren oder Nebenspitzen, die Stoßwaffe par excellence, tritt unter verschiedenen Namen auf. Bei der Runka (italien. roncone, franz. ronsard, Wolfseisen) oder Korseke (von Corsica?), italien. corsesca, sind die Seitenspitzen kaum kürzer als die Mittelspitze, in der Regel breit, unten abgerundet und in einem Winkel von 45° aufwärts gebogen. So erscheint sie bei den spanischen und italienischen Söldnern des 15. Jahrhunderts. Sind die Ohren sehr dünn und hakenförmig abwärts gebogen, heißt die Waffe spetum (lat. = Spieß) oder Friaulerspieß, was ihre südliche Herkunft kennzeichnet. Die eigentliche Partisane (vom italienischen partigiana, Parteiwaffe, franz. partisan, engl. pertuisane) hat nur eine kurze Laufbahn als Kriegswaffe; bei ihr ist die Mittelklinge lang und breit, die Ohren sind kurz abgehackt, werden dann immer mehr abgerundet und schließlich, ihrem eigentlichen Zwecke entfremdet, mit der Mittelklinge in einer oft sehr phantastischen Form zusammengefaßt. In dieser Gestalt ist sie, wie die Helmbarte, als Prunk- und Hartschierwaffe künstlerisch weitergebildet und meist mit Ätzmalerei im Zeitstil dekoriert worden. Die Offiziere der Armeen des 18. Jahrhunderts führen eine kleine Partisane mit kurzer breiter Klinge und oft kaum angedeuteten Ohren, an deren Stelle

Fig. 31. Helmbarte der Trabanten des Salzburger Erzbischofs Wolf Dietrich von Reitenau, 16. Jahrh.

Fig. 32. Prunkhelmbarte. 1570.

hier und da eiserne Knebel treten, das Sponton (von spetum, Speer).

Noch einige besondere Typen Stangenwaffen sind zu nennen; alle auf diesem, vor allen anderen durch Verwechslungen und Mißverständnisse terminologisch verwirrten und verwüsteten Gebiet der Waffenkunde vorkommenden, vielfach örtlich veränderten Formen zu beschreiben, ist nahezu unmöglich. — Böhmische Ohrlöffel nennt man frühe Partisanen mit kurzen, breiten Seitenohren (2. Hälfte des 15. Jahrhunderts). Bei der Stabrunka, wie sie im 16. Jahrhundert von Kriegern wie von Reisenden, Pilgern u. a. geführt wird, kann man durch einen Federmechanismus die drei Spitzen im Schafte verschwinden lassen, um sie im Notfall durch einen kräftigen Ruck wieder herauszuschleudern und an ihrem Platze festzuhalten. An gewissen Trabantenkorseken des 16. Jahrhunderts drehen sich die sichelförmigen Seitenspitzen um eine Achse, sind also nach innen zusammenzuschlagen; da auch die Mittelklinge in einem Scharnier nach unten zu klappen ist, konnte die Waffe beim Transport in ihren Maßen verkleinert und handlicher gemacht werden. Der Hakenspieß (14. und 15. Jahrhundert) ist nichts anderes als ein Spetum mit nur einem Seitenhaken; er kommt aus Italien, wo auch die Kriegsgabel (Sturmgabel), deren zwei Zinken gelegentlich umgebogen oder zu beilartigen Schneiden ausgebildet sind, zu Hause ist. Als Belagerungsinstrument, mit einem Mittelhaken, wird sie noch im 17. Jahrhundert gebraucht (franz. fourche de guerre). Den bäuerlichen Ursprung erkennen wir in der Kriegssense (franz. faux de guerre, ital. falce combatimunta), einem ziemlich zur Geraden ausgetriebenen, mit einer Dülle auf den Schaft gesteckten Senseneisen; sie gehört zu der Gruppe der Hiebstangenwaffen, zu den Gläven. Eine wenig wirksame Waffe, wurde sie zuletzt in den polnischen Aufständen von den Sensenmännern (Kasziniere) mit Begeisterung geführt.

Das Gewehr wird zur Stangenwaffe (Stoßwaffe) gemacht durch das Bajonett (von Bayonne, Herkunftsort), ursprünglich (Ende 16. Jahrhundert) ein langer Dolch, dessen hölzerner Griff in die Laufmündung gesteckt wird (Spundbajonett). Daß seine erste Verwendung auf der Jagd gegen den Bär und Eber geschah, ist nicht sicher, jedoch wahrscheinlich. Später, d. h. schon im 18. Jahrhundert, geschieht die Verbindung mit dem Laufe durch eine federnde Dülle; das Bajonett selbst saß dann an einem kurzen Halse neben dem Laufe, so daß die Kugel daran vorbeipfeifen konnte. Die Form der Klinge, blattförmig oder kantig, war anfangs nur auf den Stoß berechnet; erst seit 1840 finden sich Haubajonette mit yataganartigen, einschneidigen Klingen.

IV. Fernwaffen

1. Der Pfeilbogen (ital. arco, franz. arc, engl. bow), schon den vorgeschichtlichen Völkern bekannt, in der Völkerwanderung von den Kriegern zu Fuß wie zu Pferd gebraucht, bestand damals aus einem geraden, geglätteten Eibenholz (seltener Esche oder Ulme), mit einer Sehne aus gedrehten Schafdärmen. Bogen aus Horn oder von Holz und Horn zusammengesetzt sind dem Altertum wie dem späteren Mittelalter bekannt; ein Überzug aus Leder oder Birkenrinde schützte die Waffe vor Nässe, welche die Spannkraft leicht ungünstig beeinflussen konnte. In den Heeren des Mittelalters nahm der Bogenschütze, wie alle Leichtbewaffneten, keine geachtete Stellung ein, obwohl er, seit dem 13. Jahrhundert eine reguläre Truppe, bei den meisten Schlachten unersetzliche Dienste leistete. Anders in England, dem klassischen Land der Bogenschützenkunst, und in den Niederlanden; wer den etwa 2 m langen Bogen mit den bis zu 1 m langen Pfeilen meisterte, galt auch in Friedenszeiten (Bogenschützenkompagnie) als angesehener Bürger. Neben der Feuerwaffe hielt sich der Bogen als

wirksame Fernwaffe bis ins 16. Jahrhundert, obwohl Stahlbogen nur vereinzelt in Italien verwendet werden. Der orientalische Bogen war schon durch die Kreuzzüge in Europa bekannt geworden; er war konvex gekrümmt oder ein sog. Doppelbogen, d. h. die Arme waren von der wesentlich kürzeren Sehne in Konvexstellung gehalten, die erst durch das Spannen in die Gerade und dann (2. Phase) in die Konkavstellung überging, wodurch eine wesentlich erhöhte Schnellkraft erzielt wurde. Der große arabische Bogen unterschied sich von dem kleineren türkischen (jaj). Am Daumen der linken Hand trug der Orientale einen breiten Ring aus Elfenbein oder Edelmetall, worauf der Pfeil vor dem Schusse ruhte. Die Bogen waren meist mit Lack- oder Goldmalerei verziert, ebenso wie die ledernen Köcher (Bogenköcher, kemandan, und Pfeilköcher, tirkesch), oft mit kostbarer Einlegearbeit, Stickerei, Silberbeschlag usw. verziert waren. Auch auf die etwa 75 cm langen Pfeile (tir), deren Spitze oft Widerhaken aufwies, während der Ausschnitt des Fußes aus Elfenbein war, erstreckte sich diese künstlerische Ausstattung. Die Sehne des orientalischen Bogens (jaj kirischi) war aus feiner gewachster Schafwolle und Seidenfäden gedreht. — Zur Ausstattung des europäischen Bogenschützen gehörten außer dem aus Pergament oder Holz gefertigten, später meist mit Pelz bezogenen, kastenartigen Köcher eine eiserne Schiene für den linken Unterarm, um diesen vor der schnellenden Sehne zu schützen, und ein Handschuh für die linke Hand, die den Bogen hielt. Die Bogenschützen trugen in der Regel nur ein Brigantine (Jacke mit Eisenschuppen innen) oder eine Panzerjacke.

2. Armbrust (von âr, indogerm. = Bogen und rust von Rüstung, also ein gerüsteter, d. h. mit einem Schaft oder Säule ausgestatteter Bogen). Die Römer kannten eine schwere Belagerungsmaschine, die konstruktiv das Prinzip der Armbrust vertrat, die arcubalista. Es ist ein großer

Bogen, der weder von der Hand gehalten noch mit der Hand gespannt wird, sondern an einem Schaft befestigt ist und durch einen Mechanismus gespannt wird. Das Vorkommen von Handarmbrüsten bei den Römern wird ebenso bestätigt wie ihre Erfindung durch die Chinesen im 12. Jahr-

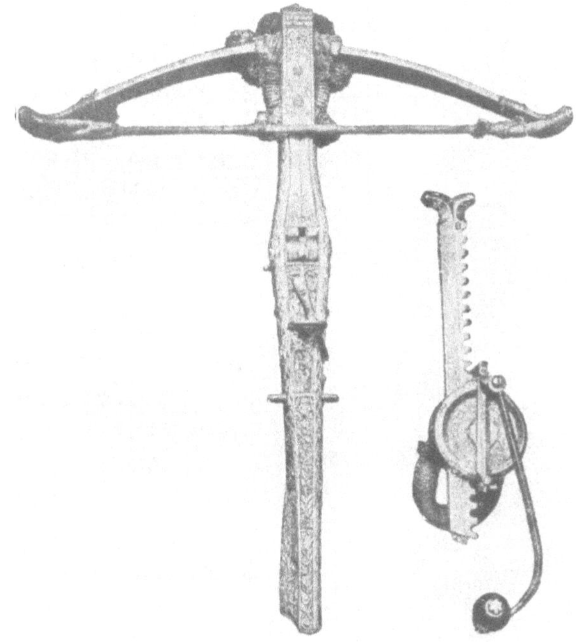

Fig. 33. Armbrust mit deutscher Winde. 16. Jahrh. Berlin, Zeughaus.

hundert v. Chr. In Westeuropa taucht sie erst im 10. Jahrhundert n. Chr. wieder auf und wird als Waffe der Kreuzfahrer unter dem Namen „tzagra“ geschichtlich erwähnt, ist aber im 12. Jahrhundert, wie der Pfeilbogen, die gefürchtete Waffe gewisser französischer und englischer Söldnertruppen. In Deutschland bildeten sich im späteren Mittelalter bürgerliche, teilweise noch heute bestehende Armbrust-Schützengilden, da die Vornehmen die Armbrust als unritterlich verschmähten.

Die mittelalterliche Armbrust hatte einen Bogen aus Holz oder Horn, seltener Eisen, das zu wetterempfindlich war. Mit der hölzernen Säule war der Bogen durch Riemen oder Stricke verbunden oder durch eiserne Schienen verklammert (Verankerung), ein eiserner Ring oder Bügel nahm den Fuß auf, wenn die Armbrust zum Spannen umgekehrt auf den Boden gesetzt wurde. Etwa in der Mitte der Säule sitzt die „Nuß", eine beinerne Walze mit einem Einschnitt zur Aufnahme der Sehne und einer Kerbe (Rast), in die der Abzugsbügel eingreift. Die Nuß war entweder nur in die Säule eingelassen (freischwebend) oder lief um eine Bindfadenschnürung (im Faden laufend). Der Bügel ist ein zweiarmiger, sich um eine Welle bewegender Hebel: der kurze Arm greift in die Rast, der lange, auf eine Feder drückende, dient als Abzug. Das Spannen der Armbrust konnte durch verschiedene Vorrichtungen geschehen: a) Die Haken der Radgehäuse eines Flaschenzuges greifen um die Sehne, während die Hülse eines anderen Radgehäuses sich um den Fuß der Säule legt: wird die Welle mit einer Kurbel gedreht, ziehen die Haken die Sehne herunter, die dann in

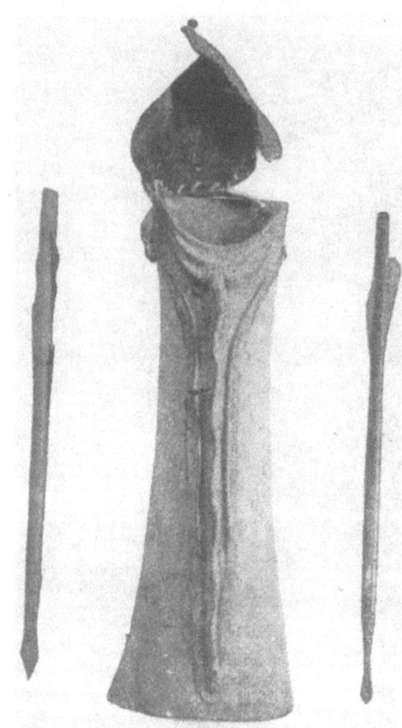

Fig. 34. Bolzenköcher und Bolzen einer gotischen Armbrust. 15. Jahrh.

den Einschnitt der Nuß einspringt (Englische Winde). b) Die Krappe einer Zahnstange faßt die Sehne, in die Zähne der Stange greifen die Triebstöcke eines Drillings, dessen Welle sich mit einem Zahnrad bewegt, das wieder

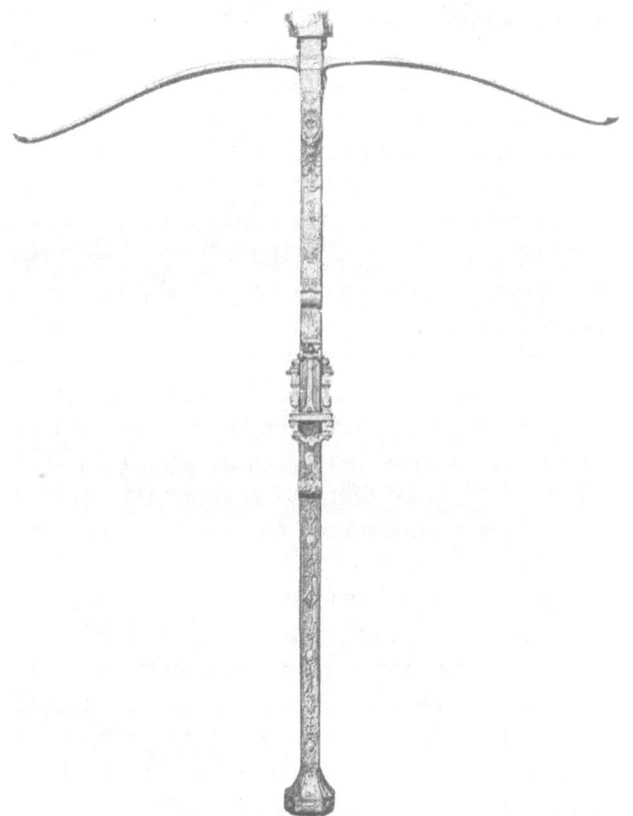

Fig. 35. Italienischer Balläster (Schnepper). Ende 16. Jahrh.

durch eine Schraube ohne Ende mittels einer Kurbel gedreht wird. Durch diese Drehung wird die Zahnstange nach unten geführt, da das Radgehäuse durch eine, über die Säule geschobene und dort an zwei Knebeln festliegende

Hanfschlaufe (Bausche, Windfaden) in seiner Lage gehalten wird, und die von ihr gezogene Sehne springt dann in die Nuß (Deutsche Winde). c) Die Armbrust wird umgekehrt auf den Boden gesetzt, der Fuß des Schützen tritt in den Bügel, und die Sehne wird mit einem am Gürtel des Schützen befindlichen Haken durch einfaches Aufrichten des Rumpfes und dadurch bewirkten Zug gespannt (Spann-, Gürtelhaken). d) Die Krappen eines einarmigen Hebels, der seinen Stützpunkt an zwei Knebeln in der Mitte der Säule hat, fassen die Sehne und ziehen sie herunter (Geisfuß). Diese Spannvorrichtung genügte nur für kleinere Armbrüste. e) Eine Hebelvorrichtung ist mit der Säule verbunden und enthält zugleich den Abzug (Säulenhebel). Der Haken des langen Armes eines Hebels greift in den Ring am Kopf der Säule, während der kurze, bewegliche Arm sich auf die Sehne stützt und diese in die Nuß drückt (Hebelspanner, Spannhebel). — Nach erfolgter Spannung wird der Bolzen auf die Säule, die hier oft eine Rille hat, vor die Nuß gelegt und mit einer Hornklammer (Bolzenklammer) festgehalten. Die Bolzen (Hauspfeile) werden durch genaue Berechnung des Längen- und Gewichtsverhältnisses zwischen dem Schaft (Bein) und der Spitze (Eisen) durchschlags- und schwungfähig gemacht. Befiederung erscheint selten; den Jagdbolzen wird durch bestimmte schiefe Stellung der Holz- oder Beinfedern eine Drehung (Drall) gegeben, welche die Treffsicherheit erhöht. Im Kriege werden Bolzen mit Brandballen und Widerhaken verwendet (Brandbolzen). — Wegen der Geräuschlosigkeit des Schusses und der bequemen Tragfähigkeit wurden die Armbrüste schon im Mittelalter mit Vorliebe auf der Jagd benutzt. Als Kriegswaffe seit dem 16. Jahrhundert nicht mehr in Gebrauch, weil von der Muskete und dem Faustrohr verdrängt, nimmt sie in der Zeit der Prunkharnische und im 17. Jahrhundert an der künstlerischen Renaissance der Waffe teil. Die Säule wird geschnitzt, in kostbarem Holze hergestellt, durch Einlagen in Bein und Perlmutter, Metall und Email, durch Auflagen von Plaketten, von durchbrochenen Verzierungen, durch Bemalung und Vergoldung geschmückt. Auch Säulen aus geätztem, getriebenem und vergoldetem Eisen finden sich in den Jagdkammern der italienischen und deutschen Fürsten. An Stelle des Bolzens, dessen Eisen das Fell oder Federkleid des Wildes zu sehr verletzte, trat jetzt bei Jagdarmbrüsten die Kugel: so entstand der Balläster (ital. ballestra) oder Schnepper. Die Sehne dieser Armbrüste ist zweisträngig; zwischen den, durch Holz- oder Elfenbeinstäbchen auseinandergedrängten Strängen sitzt ein aus Quersträngen gebildetes Säckchen, das die aus Blei, Stein oder Ton gemachte Kugel enthielt; die Kugel flog in flachem Bogen, was ein besonders sorgfältiges Zielen erforderte. Bei der italienischen Balläster ist der vordere Teil der Säule stark nach unten gebogen; bei ihnen wurde die Sehne oft mit der Hand, mittels einer sonst am Gürtel getragenen Krappe gespannt. Der deutsche Schnepper zeichnet sich durch eine eiserne Säule aus; die Spannung geschieht hier in der Regel durch den Säulenhebel; ein schwerer klotzartiger Kolben soll den ruhigen Anschlag erleichtern. In dieser Form erhielt sich die Armbrust als Jagdwaffe bis ins 18. Jahrhundert; besonders bei der Vogeljagd war sie auch in der Hand der Damen stets sehr beliebt. Die heute zum Vogel- und Scheibenschießen benutzten Armbrüste (Wandschnepper, Vogelschnepper), werden mit der deutschen Winde gespannt. Die Armbrustköcher finden sich in den mannigfaltigsten meist kasten- oder taschenähnlichen Formen aus Holz, Leder und Leinwand; die mit Pelzwerk besetzten heißen Rauchköcher. In England kommen Stahlköcher für Kugeln und kleine Vogelbolzen vor. — In China wird die Armbrust durch eine Repetiervorrichtung in ihrer Wirkung verstärkt (Revolverarmbrust).

B. Schutzwaffen

I. Schild

Der Schild stellt die früheste Form der Schutzwaffe dar, die auf einer weit höheren Stufe der Kultur auftrat als die zum Angriff gegen Mensch und Tier ersonnene Trutzwaffe. Als Verstärkung des den feindlichen Hieb oder Stoß abwehrenden Armes ist er in demselben Sinne Organprojektion wie Keule und Axt, Schwert und Bolzen. Aus dem Tierfell, mit dem der Arm umwickelt, und der eingebundenen Holzschiene, mit der er gedeckt war, entstand der älteste Schild (Schild = Scheit; altgermanisch). Es sei an die homerischen Schilde mit ihrer siebenfachen Lederschicht, an die Ägis (= Ziegenfell) erinnert. Der Schild ist weiterhin die erste größere Bildfläche im Reich der Waffen, die zu künstlerischer Ausstattung einlädt. Auf dem metallenen Schildbuckel zeigt sich die Kunst des Eisen- und Bronzeschmiedes (Schild des Achilleus bei Homer), auf der hölzernen oder ledernen Außenfläche ließen sich die Krieger Schmuckformen malen („schildern"). — Im frühen Mittelalter stehen sich der germanische, rechteckige, leicht gewölbte Langschild und der römische, für den Süden Europas und den Orient mit seinen Reiterscharen charakteristische Rundschild gegenüber. Aus dem ersteren entwickelt sich der oben abgerundete, unten spitze normannische Schild (Teppich von Bayeux). In den Kreuzzügen, als die Ausdehnung des Körperschutzes im Harnisch wächst, unter dem Einflusse des Orients wird der Reiterschild zu der kleinen, nur den Oberkörper deckenden, dreieckigen Tartsche (von dem arabischen „darak"). Daneben tragen die Reiter kurze Zeit (um 1275—1350) kleine rhombische oder rechteckige Achselschilde („ailettes“), die an einem Riemen um den Hals gebunden wurden. In dieser Zeit, vom Ende des 12. Jahrhunderts ab, wird der Schild Träger von

Fig. 36. Handtartsche (Kleine Pavese).
Süddeutschl., Anfang des 15. Jahrhunderts. München, Nat.-Museum.

figürlichen und ornamentalen Darstellungen, die als Familienabzeichen der Besitzer zur Ausbildung des Wappenwesens der Heraldik führen.

Als Teil der ritterlichen Ausrüstung nimmt die Tartsche im 15. Jahrhundert dann wieder viereckige Form, mit einem Ausschnitt rechts oben zum Einlegen des Spießes, oder die eines verlängerten Halbkreises an. Aus dem östlichen

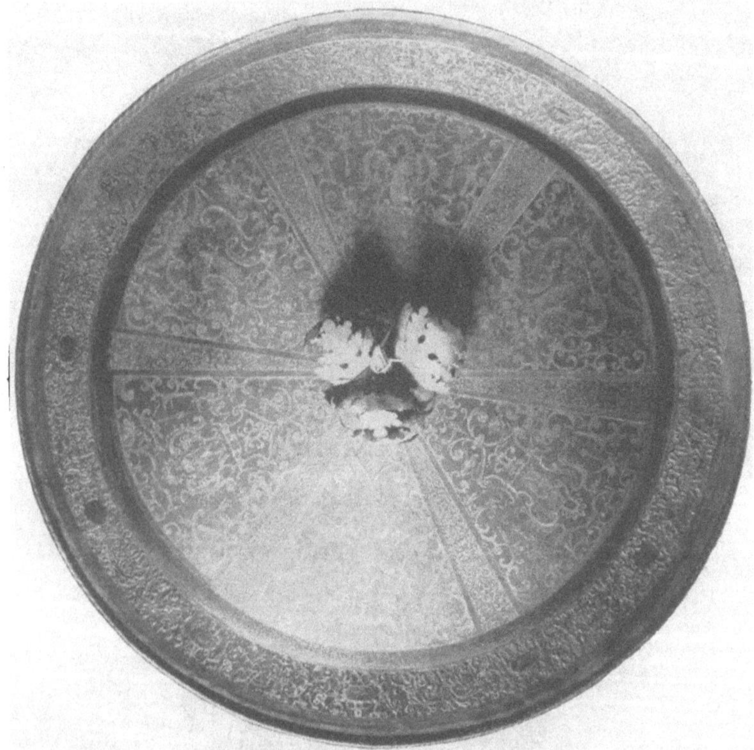

Fig. 37. Tauschierter Prunkschild, italienisch, Ende des 16. Jahrh. Florenz, Museo Nazionale.

Europa kommt die ungarische Tartsche, von rechts nach links konvex gewölbt, oben seitlich zugespitzt, der türkische Rundschild (Kalkan) aus Ruten geflochten und übersponnen, mit metallenem Buckel, die maurische Adarga, oval mit je einer Einschnürung oben und unten (bohnenförmig), aus

Leder, bemalt und vergoldet. Die kleine hölzerne und mit Bein belegte, vorgebundene Stechtartsche und die große, die ganze linke Seite des Oberkörpers deckende, mit Eisenblech beschlagene Renntartsche, die eiserne Tartsche (oft

Fig. 38. Tauschierter Prunkschild. Von Lucio Piccinino in Mailand. 2. Hälfte des 16 Jahrhunderts. Petersburg, Eremitage.

mit Gitterauflage) für das welsche Gestech (Realgestech), gehören in das Gebiet der Turnierwaffen.

In der Hand des Fußknechts, dessen Defensivkraft zu verstärken man seit dem 14. Jahrhundert bestrebt ist, gewinnt der Schild wieder an Umfang. Es entsteht der Setz-

Fig. 39. Prunkschild, deutsch, 1589.
Dresden.

Fig. 40. Prunkschild, italienisch, Mitte des 16. Jahrh. Kopenhagen, Zeughaus.

schild (Pavese), aus Holz, mit Schweinshaut überzogen und bemalt, von der Form eines Rechteckes, mit einer Spitze oben, einer Ausbauchung in der Mitte, bis 1,60 m hoch und 70 cm breit, und die noch größere und schwerere Sturmwand, hinter welcher der Krieger sich völlig verbergen konnte. Als Handschild (kleine Pavese) wird der Schild bis ins 16. Jahrhundert gebraucht. — In Italien entsteht der kleine Fechtschild, entweder als Faustschild rund, oft mit einem Ausschnitt für eine Laterne und mit einer eisernen Hentze verbunden, S-förmig oder armschienenförmig, mit einer Stoßklinge (damit also gleichzeitig Angriffswaffe). — Als Prunkwaffe, rund (Rondatsche), oval und unten zugespitzt, auch in einer Art Kartuschenform, spielt der getriebene, geätzte und tauschierte Schild im 16. Jahrhundert in den fürstlichen Rüstkammern eine große Rolle.

II. Helm

II. Der Helm ist ursprünglich, gleich dem Schild, aus Tierfellen entstanden, mit denen der Mann sein Haupt umhüllte, dann als eines der ersten Erzeugnisse der entwickelten Schmiedekunst aus Bronze oder Eisen gebildet. Das Altertum kennt den konischen Helm (im Orient) und den halbkugelförmigen Helm mit Kamm (Griechenland und Rom). Bei den Germanen zeigen die frühesten bekannten Helme aus dem 6. Jahrhundert die erstere Form: sie sind aus einem Stirnreif mit 4—6 Spangen, die durch Helmblätter verbunden und durch eine Scheitelplatte geschlossen sind, gebildet (Spangenhelme) und kennzeichnen sich durch ihren Schmuck (Punzierung) als Besitztum von Vornehmen. Der aus einem Stück getriebene oder aus zwei Hälften zusammengenietete glatte konische Helm mit Naseneisen des 10. und 11. Jahrhunderts (gewöhnlich ohne Grund als „normannischer Helm“ bezeichnet) ist der erste verbreitete Helm des mittelalterlichen Kriegers.

In den Kreuzzügen bildet sich, zum Schutz des Kopfes und Halses gegen das gefährliche orientalische Krummschwert und im Zwange des heißen Klimas, der zylindrische

Fig. 41. Spangenhelm von Giulianova (Monte Pagano). 6. Jahrh. Berlin, Zeughaus.

Helm (T o p f h e l m) aus, der anfangs nur auf dem Scheitel ruht, später auf den Schultern aufsitzt und durch Luftlöcher, Sehspalten, Türchen dem Träger Luft und Ausblick vermittelt. Der Scheitel, anfangs flach, wird später leicht konisch aufgetrieben, die Seitenwände werden eingezogen. Der Scheitel trägt das aus Leder oder Holz gefertigte figürliche Abzeichen des Ritters, das Zimier; über Rücken und Schultern fällt die anfangs zum Schutze gegen die Sonne auf dem Scheitel befestigte, mit der Zeit mehr oder weniger zerschlissene (gezaddelte) Helmdecke herab. Unter dem Topfhelm, der nur zum Kampfe aufgesetzt wird, trägt der

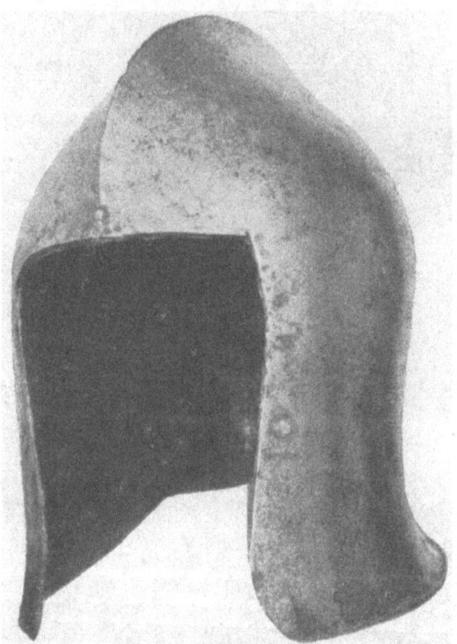

Fig. 42. Beckenhaube. Anfang des 15. Jahrhunderts.

Ritter eine lederne (calotte) oder eiserne Haube (Kesselhaube, Beckenhaube, bacinet). War der Topfhelm am Gesicht ausgeschnitten, so wies er hier meist ein Visier auf, das oben oder seitlich durch ein Scharnier befestigt war.

Des schweren Topfhelms müde, griff man seit dem Anfange des 14. Jahrhunderts wieder auf den konischen Helm, der auf der Stirn sitzt, zurück. Man verlängerte nur die Wände dieser Beckenhaube bis in den Nacken, ließ von der Stirn ein dreieckiges Naseneisen herabhängen und befestigte das Panzergeflecht der Brünne durch Draht an

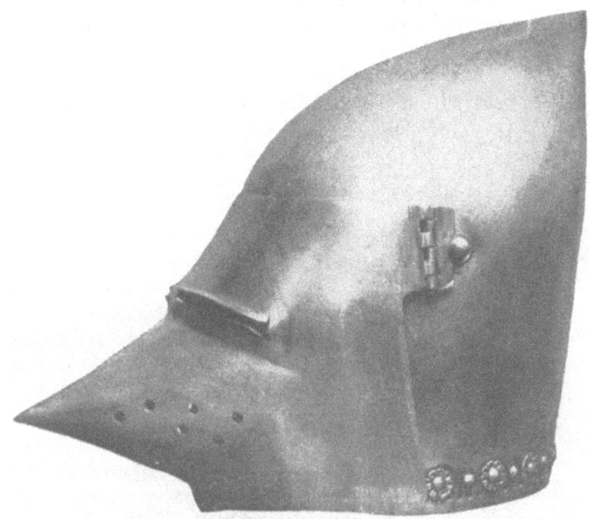

Fig. 43. Hundsgugel. Mitte des 14. Jahrhunderts. Berlin, Zeughaus.

Fig. 44. Deutsche Schallern (Salade). Mitte des 15. Jahrhunderts. Berlin, Zeughaus.

den Rändern. An Stelle des Naseneisens trat bald ein vollkommenes Visier mit Sehspalten und spitz vorgetriebenem Mundstück mit Luftlöchern: dieser Helm hieß, nach dessen hundeschnauzenähnlicher Form, Hundsgugel. Das Visier war entweder an der Stirn mit einem Kloben befestigt (Klappvisier), oder an den Seiten mit Stiften angesteckt (Absteckvisier). Die Hundsgugel erhält sich bis ans Ende des 14. Jahrhunderts im Gebrauch.

In der weiteren Entwicklung des Helmes sind zwei Reihen zu unterscheiden. Die bewegliche Kopfbedeckung des gemeinen Soldaten, der Eisenhut, halbkugelförmig

Fig. 45. **Italienische Schallern.** Um 1480. **Berlin, Zeughaus.**

oder mit Grat, mit gerader oder abfallender breiter Krempe, die manchmal einen Sehspalt aufweist, meist zusammen mit einem, die untere Gesichtshälfte schützenden, an der Brust angesteckten Barte getragen, wird im 15. Jahrhundert in Deutschland durch Verlängerung des Nackenschutzes und Einziehen und Beweglichmachen der vorderen Krempe zur Schallern (von „Schale“) oder Salade (italien. celata) mit aufschlächtigem Visier. So wurde dieser Helm von Rittern und Fußknechten allgemein getragen. Die andere Entwicklungsreihe schließt sich, ausgehend von dem Wun-

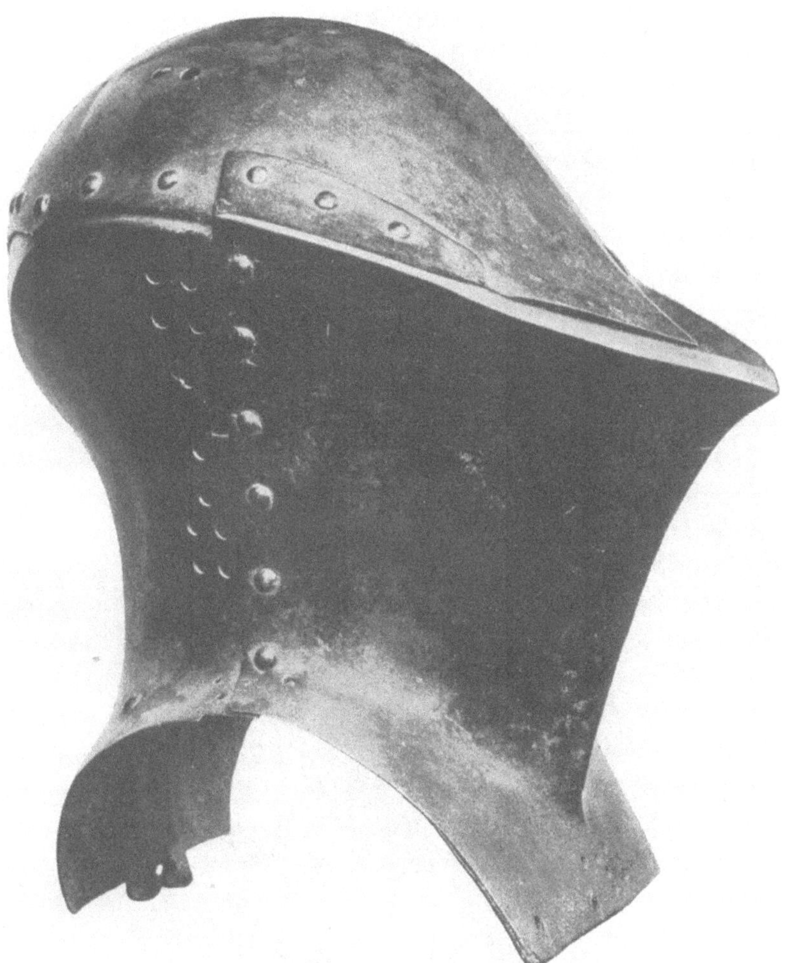

Fig. 46. Deutscher Stechhelm. Ende des 15. Jahrhunderts. Florenz, Museo Nazionale.

sche nach einem festen, Hals, Gesicht und Schädel gleichmäßig schützenden Helme, an die Hundsgugel an. Das Scheitelstück wird wieder halbkugelig, die Seitenwände

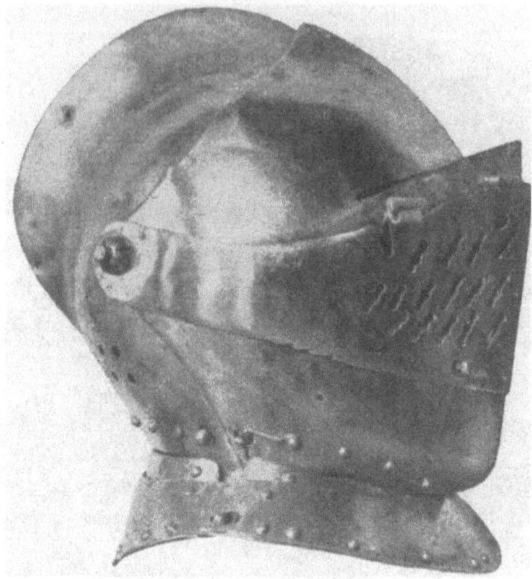

Fig. 47.

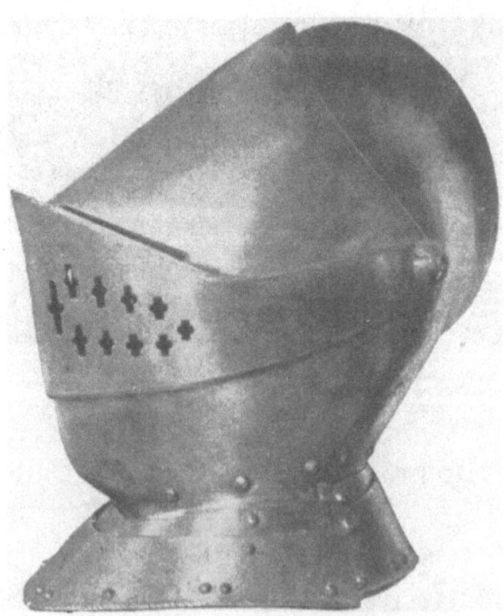

Fig. 47a.

Geschlossene Helme. Mitte des 16. Jahrh. München, Nationalmuseum.

ziehen sich ein, die Stirn wird durch einen aufschlächtigen Reifen (Stirnstulp) verstärkt, das Kinn durch ein gleichfalls aufschlächtiges, um die seitlichen Visierbolzen drehbares, der Form angepaßtes Stück, das Kinnreff, Hals und Nacken durch geschobene Reifen geschützt. Das eigentliche Visier

Fig. 48.
Sturmhaube, italienisch. 2. Hälfte des 16. Jahrh. Berlin, Zeughaus.

ist in der Regel spitz vorgetrieben; der Sehspalt sitzt meist im Stirnstulp. Dies ist der geschlossene Helm. Seltener kommen Visiere mit spitz abgestuftem oder kastenförmig nach unten gesenktem Profil (Hunds- oder Affenvisier) vor. Schlossen sich im Nacken nicht Halsreifen an die Helmglocke an, sondern war deren Unterrand wulstartig ausgetrieben, um in eine Auftreibung des Harnischkragens zu passen („im Kragen umgehn"), so nannte man den Helm Burgunder-

Fig. 49. Italienische Prunksturmhaube (Borgognotta). Ende 16. Jahrh. München, Nationalmuseum.

helm (Bourgignon). Dies stellt die engste Verbindung von Harnisch und Helm dar.

Während der geschlossene und der Burgunderhelm als

Teil des ritterlichen Harnischs im 16. Jahrhundert herrschen, wird, für den Gebrauch des Fußknechts, eine neue Form des leichteren, beweglichen Helmes in dem ursprünglich spanischen Morion gefunden (aus dem maurisch-

Fig. 50.
Italienischer Morion. Ende des 16. Jahrh. Berlin, Zeughaus.

spanischen „Morro“). Das ist eine seitlich leicht abgeflachte, hohe Haube, mit hohem Kamm und schmaler, aufgebogener, vorn und hinten spitz zulaufender Krempe; manchmal weist sie auch ganze oder geschobene Backenstücke auf. Die deutsche Schützenhaube (Häubel) ist ein konischer Helm mit gerader Krempe und leichtem Grate, der gelegentlich nach hinten in eine Spitze ausläuft (Birnhelm). Von Trabanten viel, von Rittern in reicherer Ausstattung dann und wann getragen, ist der Morion der Sturmhaube (Bourgignotte) verwandt, die als eine Weiterentwicklung der Schallern angesprochen werden kann.

Fig. 51. Schützenhaube von gesottenem Leder „cuir bouilli". 2. Hälfte des 16. Jahrh. Berlin, Zeughaus.

Ihr hervorstechendes Kennzeichen ist die hoch aufgeschlagene Stirnkrempe, während die Glocke am Nacken stark eingezogen ist und einen kurz abfallenden Nackenschirm zeigt. Backenstücke, die unter dem Kinn zusammengebunden werden, auch zwei Seitenkämme neben dem Mittelkamm treten manchmal hinzu; oft wird die Sturmhaube mit dem an der Brust angesteckten Barte zusammen getragen. Die italienische Sturmhaube sucht vielfach Anschluß an antike Helmformen und wird in phantastischer Weise durch Treibarbeit, Reliefschmuck usw. ausgestaltet.

Der türkische Helm, mit halbkugelförmiger Glocke, Naseneisen und geschobenem Nackenschirm, gelangt über

Fig. 52. Orientalische Sturmhaube (Zischägge). Ende des 16. Jahrhunderts. Madrid, Armeria.

Rußland, Polen und Ungarn im 16. Jahrhundert nach dem Westen; diese orientalische Sturmhaube tritt unter dem Namen Zischägge bei berittenen und unberittenen Truppen im Zeitalter des Dreißigjährigen Krieges auf. Hier sind ihr meist Backenstücke angefügt. Unter dem Filzhut tragen die Reiter damals auch kleine Hirnhauben, die zum Teil nur aus einem eisernen Stirnreifen mit zwei sich kreuzenden Scheitelbändern bestehen. Die schwere Tranchéehaube wird von Anführern beim Passieren der Laufgräben unterm Hut getragen.

Das Stechzeug der maximilianischen Zeit greift in der Bildung des schweren Stechhelmes auf den Topfhelm des Mittelalters zurück; der Stechhelm ist sehr weit und ruht auf den Schultern des Trägers. Den einer deutschen Schallern ohne Visier nachgebildeten Helm des Rennzeuges nennt man Rennhut. Beim Kolbenturnier wird ein kugelförmiger Helm mit offenem, durch ein starkes Gitter geschützte Gesicht, der Kolbenturnierhelm, getragen.

III. Harnisch

Die Bezeichnung „Harnisch“ ist heute im allgemeinen für den vollentwickelten Typus der Gesamtschutzwaffe in Gebrauch, die etwa seit der Mitte des 15. Jahrhunderts von ritterlichen Kriegern getragen wird, für den Plattenharnisch. In der Entwicklung des Körperschutzes im Mittelalter lassen sich drei Perioden unterscheiden.

1. Die Germanen trugen vor der Völkerwanderung bis etwa zum Beginn des 11. Jahrhunderts meist den Schuppenpanzer, d. h. eine lederne, außen mit halbrunden oder zungenförmigen Schuppen benähte Jacke, die manchmal bis an die Knie reicht, mit kurzen Ärmeln, dazu auch Hosen derselben Art. Vornehmer war der Kettenpanzer (Panzerhemd, Maschenpanzer), der aus gestanzten und genieteten eisernen oder kupfernen Ringen hergestellt war und über einem ledernen Koller getragen wurde: eine enge Jacke, meist mit langen Ärmeln. Die Brünne war eine Art Kapuze, meist aus Panzergeflecht, die Kopf, Hals und Schultern deckte, und so die Verbindung mit dem konischen Helm herstellte. Beide Arten der Schutzbewaffnung gehen auf römische Vorbilder zurück: sowohl der Schuppenpanzer, die lorica squamata, wie der Maschenpanzer, die lorica hamata, freilich der aus geschweißten Ringen gefertigte, wird von dem Legionär getragen.

2. Vom Anfang des 11. bis zum Anfang des 14. Jahrhunderts wird der ganze Körper durch ein enganliegendes, aus Tuch oder Leder genähtes Gewand geschützt, das mit Eisenringen oder -schuppen besetzt ist: den Haubert. An die langen Ärmel schließen sich Handschuhe, an die kurzen Hosen Strümpfe und Fußdeckungen aus demselben Stoff an, so daß der Krieger vom Scheitel bis zur Zehe in eine Eisenhaut gehüllt erscheint. In der Folge trennen sich die Hosen von der Jacke, die nun länger wird und bis auf die Knie reicht. Dasselbe System des Schutzgewandes (gepanzerten Kleides) erscheint auch in Panzerzeug (Maschenpanzerung, Mußzeug). Ein „lederstreifiger Harnisch" ist ein Haubert, dessen Festigkeit durch Reihen von Eisenringen, die auf querlaufenden Riemen aufgenäht sind, erhöht wird. Der unter dem Haubert getragene Rock heißt Bliaud, das über ihm, zum Schutze gegen die Sonne getragene, ärmellose, oft aus kostbarem Stoff hergestellte und mit heraldischen Emblemen verzierte weite Waffenhemd Gambeson (cotte d'armes). Im Gegensatz zu dem beweglichen Körperschutz des Haubert stehen feste eiserne Einzelteile (Achselschilder = ailettes, Ellbogen-

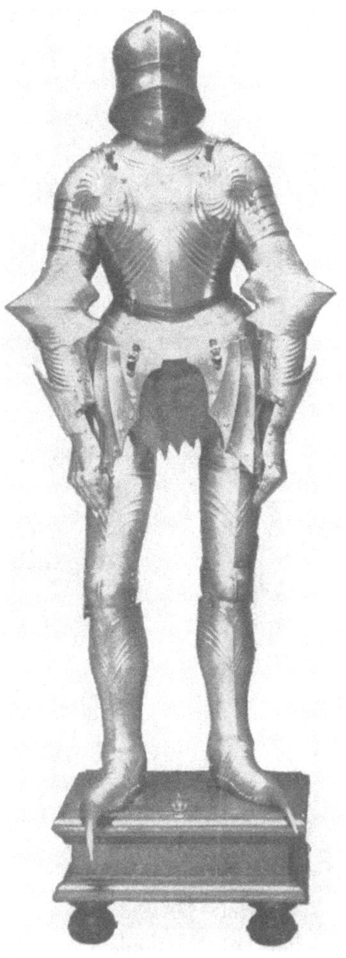

Fig. 53. Gotischer Harnisch. Ende 15. Jahrh. Berlin, Zeugh.

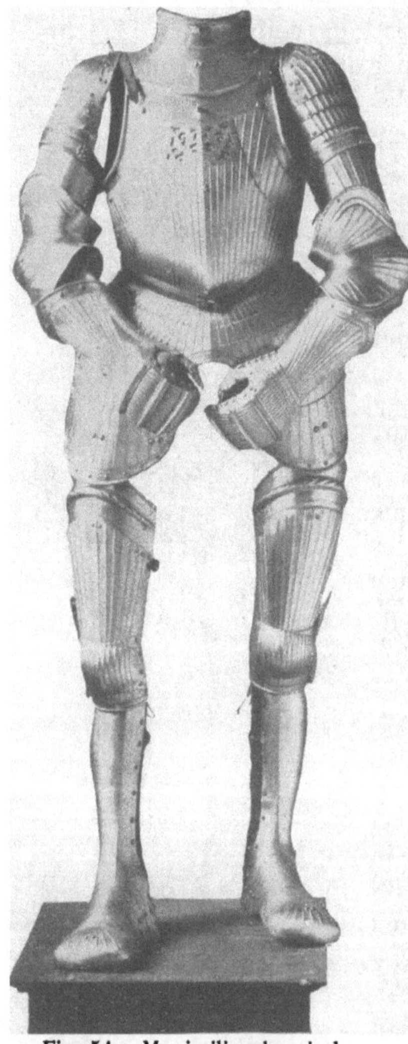

Fig. 54. Maximiliansharnisch. Ende des 16. Jahrhunderts.

und Kniescheiben, Oberarm- und Unterschenkelschienen), die mit Riemen aufgebunden wurden. Sie treten im 13. Jahrhundert zuerst auf und bereiten, in Vereinigung mit dem schweren Topfhelm und der, mit der Brünne verbundenen Beckenhaube die Plattenpanzerung vor.

3. Die schwerfällige Schuppenpanzerung verschwindet im 14. Jahrhundert; die reifere, durch die mannigfache Berührung mit dem Orient entwickelte Technik ermöglicht die Ausbreitung des Kettenpanzers, der weite Waffenrock erweist sich im Kampfe als unpraktisch. Über das trikotartig enganliegende Panzerhemd zieht man einen gleichfalls engen Lederpanzer ohne Ärmel, der etwa bis an die Mitte der Oberschenkel über die Lenden reicht: den Lentner. Diese Lederjacke wird auf dem Rücken geschlossen; sie erscheint mit Seide überzogen, mit Stickerei verziert, durch ornamental angeordnete Metallnieten verstärkt. Während der Lentner, durch das Ansetzen von je zwei Eisenplatten vorn und hinten,

Fig. 55. Prunkharnisch („Pfeifenharnisch"). Anfang des 16. Jahrh. London, Wallace Coll. (Helm nicht zugehörig.)

sich allmählich zum Küraß, zu Harnischbrust und Harnischrücken ausbildet, die gegen Ende des Jahrhunderts

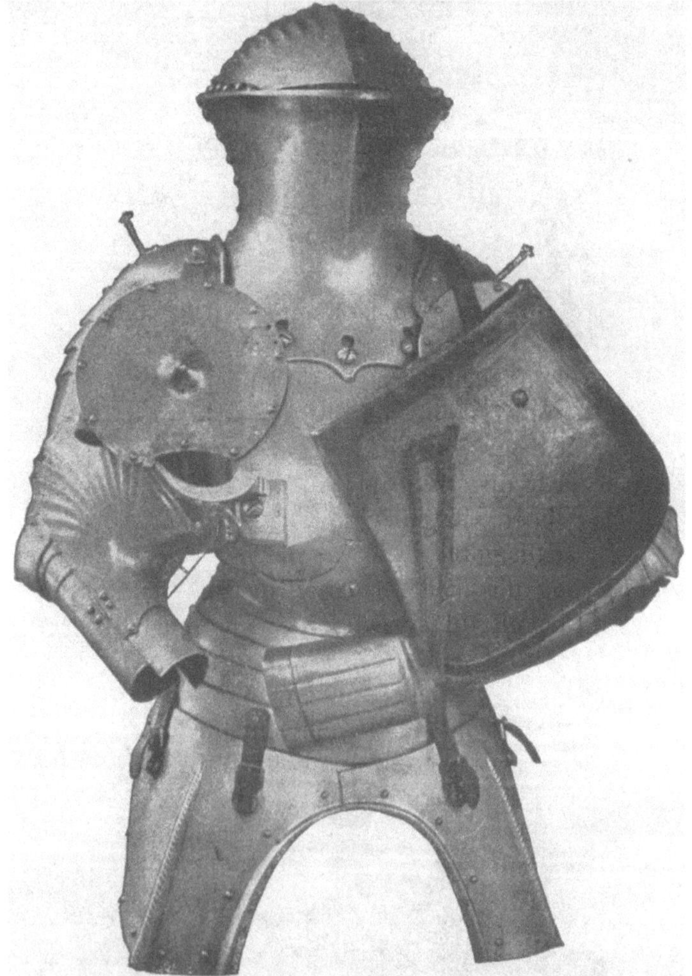

Fig. 56. Deutsches Stechzeug. Anfang des 16. Jahrh. London, Wallace Coll.

selbständig auftreten, entwickelt sich auch Arm- und Beinschutz immer mehr. Um dieselbe Zeit sehen wir die Ach-

Fig. 57. Rennzeug des Kurfürst August von Sachsen. Von Siegmund Rockenberger, Wittenberg, 1550. Dresden.

seln mit einem System querlaufender Schienen, dem Spaldenier, die Achselhöhlen mit runden, freihängenden Platten, den Schwebescheiben, die Oberarme und die Unterarme mit Röhren, die Ellbogen mit gebogenen Platten, Armkacheln (Mäuseln für die Streckseite, Muscheln für die Armbeuge) geschützt. Vom Kniebuckel aus entwickeln sich aufwärts breite Schienen zum Schutze des Oberschenkels, Diechlinge, meist zweiteilig, abwärts Röhren für die Unterschenkel (Beinröhren), aus mehreren Eisenschienen zusammengesetzte Schuhe. An die Harnischbrust, die erst um die Mitte des 15. Jahrhunderts aus einem Stück getrieben als Halbkugel auftritt, schließen sich zum Schutze des Unterleibes die Bauchreifen an, die ihrerseits zur Deckung der Oberschenkel in dachziegelförmige Platten, Beintaschen, ausgehen. Entsprechend den Bauchreifen legen sich um den unteren Teil des Rückens die Gesäßreifen. Die Verbreiterungen der Achselstücke zum Schutze der Achselbeuge greifen vorn und hinten über Brust und Rücken (Vorder- und Hinterflüge); der Vorderflug des rechten Armes (Kampfarmes) ist in der Regel tiefer ausgeschnitten. Die so entstandenen zahlreichen Platten und Schienen werden durch Nieten auf Riemen von sämischgarem Leder derart befestigt, daß sie, wie die Schuppen eines Krebses, je mit ihren Rändern übereinandergreifen (Geschübe, Folgen) und so, infolge der Weichheit und relativen Dehnbarkeit des Leders, dem Harnisch eine gewisse Beweglichkeit in sich erlauben.

Als hervorragendstes Besitzstück des Ritters und Anführers im Kriege wird der Plattenharnisch von ca. 1430 —1450 bis in die erste Hälfte des 17. Jahrhunderts, also etwa durch zwei Jahrhunderte, getragen. Seine schweren Formen nehmen schon bald nach dem Abschluß seiner Entwicklung den Charakter eines knapperen, eleganteren, schmiegsamen Stiles an, den man, in Anlehnung an die Kennzeichen des gleichzeitigen architektonischen Stiles mit seinem ausgeprägten Vertikalismus, seinem Betonen der konstruktiven Teile, seiner Freude am Detailschmuck, als gotisch bezeichnet hat. Der gotische Harnisch, der sich bis ans Ende des Jahrhunderts hält, hat eine kleine, runde, aber oft auch mit einem Mittelgrat versehene, in der Taille scharf eingezogene Brust mit einfacher oder doppelter Schiftung, d.h. vom Bauche aufwärtsreichender, oben spitz zulaufender Verstärkung; Hals und Kinn deckt der in eine Öse der Brust mit einem Stifte eingesteckte Bart. Der Rücken ist gleichfalls im Kreuz scharf eingezogen. Die Beintaschen sind klein, spitz, muschelförmig oder fehlen ganz. Die mehrfach

Fig. 58. Reiterharnisch d. Feldhauptm. Lazarus Schwendi, 1560. Wien, Waffensammlung.

geschobenen Oberdiechlinge reichen bis fast in die Hüfte. Die Schuhe enden in sehr langen Spitzen (die nur beim Reiten an das vorderste Ballengeschübe mit einem Federbolzen angesteckt wurden). Die weiten Armkacheln haben meist ganze Muscheln, die Handschuhe spitze Stulpen. Das Haupt deckt die Schallern mit Visier: ihre elegante Form mit dem hinten weit ausragenden Nackenschutz macht sie zur natürlichen Gefährtin dieses gotischen Harnischs, der an Einheitlichkeit des formalen Aufbaues alle späteren Typen des Plattenharnischs übertrifft. Die Zierlust der kunstliebenden Zeit findet schließlich Gelegenheit, sich in der feinen, rippenartigen Austreibung der Flächen, besonders aber in der Ausstattung der Ränder der Geschübe mit spitzenartig durchbrochenen Kanten (Fürfeilen), Auflagen von Messing und dergleichen zu zeigen.

Den Übergang zur Renaissance in der Kunst der Waffenschmiede vertritt der Maximiliansharnisch, der um 1500, wohl auf persönliche Anregung des Kaisers Maximilian I., zuerst auftritt und etwa dreißig Jahre lang große Beliebtheit genießt. Er kennzeichnet sich im Gegensatz zu dem gotischen Harnisch einerseits dadurch, daß seine Oberfläche, mit Ausnahme der Beinröhren, mit feinen Riffelungen (Kannelierungen) bedeckt ist, die das Gewicht des Harnischs verringern, ohne seine Widerstandsfähigkeit herabzusetzen, und durch den Zug zum Schweren, Breiten, Gedrungenen in seinem Aufbau. Die Brust ist rund und ungeschiftet, mit geradem Abschluß, eckigen Armausschnitten; an den Bauchreifen sitzen in der Regel geschobene Beintaschen, die zusammen mit dem untersten Bauchreifen in einem Bogen ausgeschnitten sind. Die leichte Auftreibung in dessen Mitte heißt die Schamkapsel; oft sitzt hier eine Eisenhülse für den Geschlechtsteil (Latz, Gliedschirm), die nur dekorative Bedeutung hat. Die Flüge sind sehr groß und geschoben und tragen meist am Hals aufrechte Schienen, Brechränder (Stauchen). Die Armkacheln haben in der Regel ganze Muscheln und weisen manchmal sogar auf der Innenseite der Armbeuge Geschübe auf (geschlossene Armzeuge). Statt der Fingerhandschuhe finden sich meist solche mit ungeteilten Folgen, die vier Finger zusammen bedecken (Hentzen). An der rechten Brustseite sitzt der

Fig. 59. Fußturnierharnisch. Von Anton Pfeffenhauser. Augsburg 1591. Dresden.

Rüsthaken zum Auflegen des Spießes, nicht mehr gebogen wie beim gotischen Harnisch, sondern gerade, zum Abstecken oder Umklappen eingerichtet. Alle Ränder sind mit einem getriebenen, durch Umbiegen des Eisens gebildeten Schnurenrand versehen, der an der Brust besonders kräftig auftritt. Die Füße sind breit und vorn gerade ab-

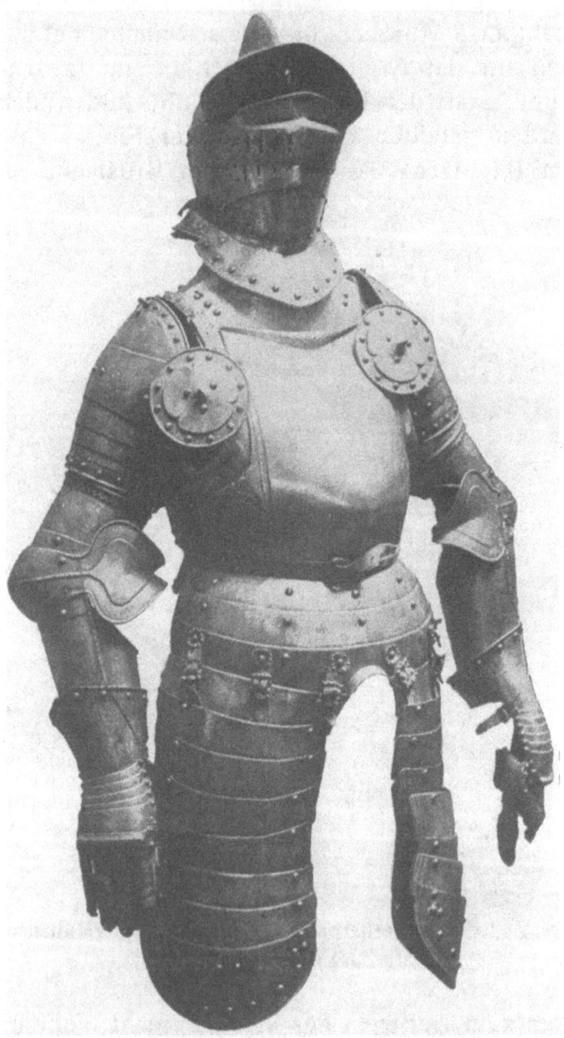

Fig. 60. Reiter(Trab)harnisch. 2. Hälfte des 16. Jahrhunderts. München, Nationalmuseum.

geschnitten (Bärentatzen, Kuhmäuler). Da die Brust nicht hoch heraufreicht, ist zum Schutze des Halses ein Harnisch-

Fig. 61. Halber Feldharnisch. 1. Hälfte des 17. Jahrhunderts. München, Nationalmuseum.

kragen nötig, aus Brust- und Rückenblech mit je drei bis vier Geschüben gebildet und stets unter dem Harnisch zu tragen. Der geschlossene Helm mit Hals- und Nackenreifen (die über dem Kragen sitzen!), sowie der Burgunderhelm, dessen unterer Randwulst um die als Führungsschiene gebildete Auftreibung des obersten Kragengeschübes läuft, sind die zum Maximiliansharnisch üblichen Helme. — Abarten des Maximiliansharnischs (früher fälschlich „Mailänder Harnisch" genannt) sind der Pfeifenharnisch, der mit getriebenen Stäben (Pfeifen) statt Riffelungen dekoriert ist, weiter jene Harnische, in denen die geschlitzte und gepuffte Tracht der Zeit nachgeahmt wird.

Die wachsende Brauchbarkeit der Feuerwaffen verdrängte den Plattenharnisch seit der Mitte des 16. Jahrhunderts mehr und mehr von dem kriegerischen Schauplatz; andererseits kamen in den zahllosen Kämpfen der Zeit auch viele gemeine Krieger, besonders die Landsknechte, in den Besitz von Harnischen und Harnischteilen, die dann für deren Gebrauch angenommen und umgeändert wurden. Schließlich ließ die Leidenschaft für das Turnierwesen zahlreiche neue Formen entstehen, die sich in den Harnischgarnituren, d. h. Zusammenstellungen der verschiedenartigsten Einzelstücke zu beliebigem Austausch, mit den eigentlichen Feldharnischen begegneten. So sehen wir in dem letzten Jahrhundert der Geschichte des Harnischs die herkömmlichen Typen mehr und mehr verschwinden und zahlreiche, von der Mode und der zufälligen praktischen Notwendigkeit bestimmte Sonderformen aufkommen.

Bei dem Landsknechtharnisch büßen Brust und Rücken bald an Schwere ein; erstere verliert auch ihre kugelige Form und bietet sich mit einem scharfen, nach unten verlängerten Grat, dem Tapul, oder mit einer tiefsitzenden Spitze, als Gansbauch dar. Die Achseln werden an den Kragen angehängt, verlieren ihre Flüge und verlängern ihre Geschübe bis zur Mäusel (Spangröls); die Achsel-

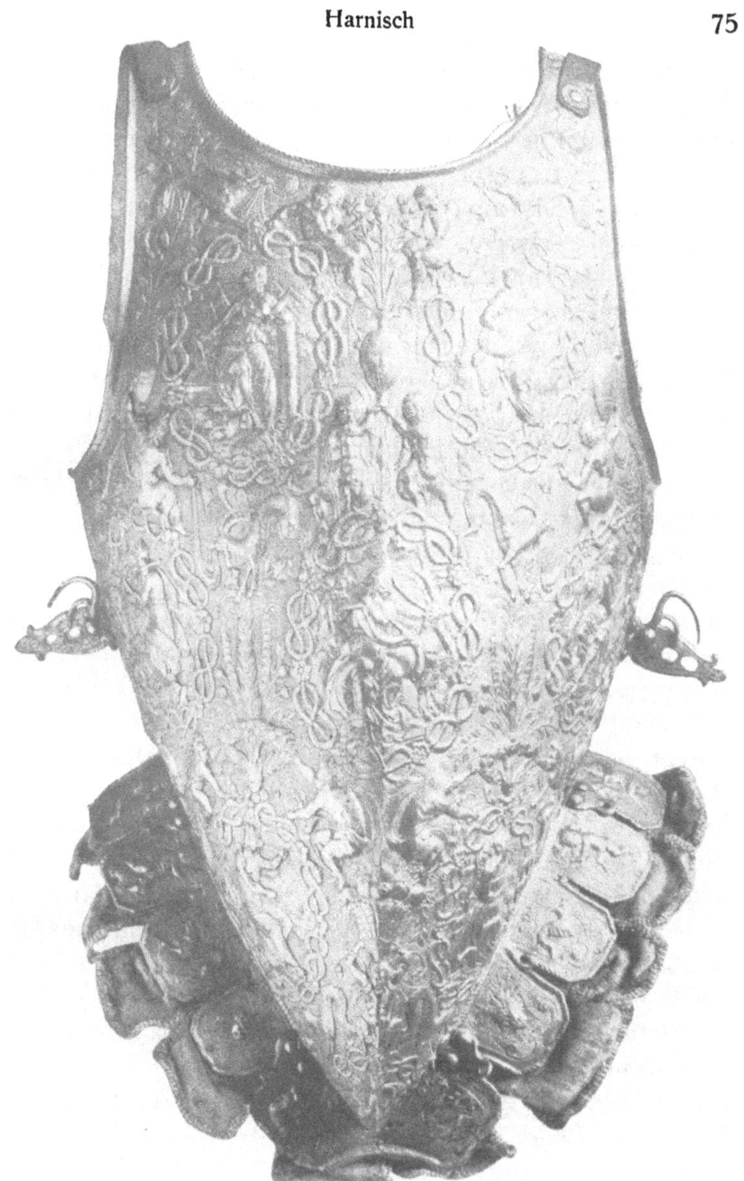

Fig. 62. Prunkharnisch. Mailändisch, 2. Hälfte des 16. Jahrhunderts. Dresden.

beugen werden von Schwebescheiben bedeckt. Das Beinzeug fällt weg; die Beintaschen verlängern sich, indem sie oben unmittelbar an die Bauchreifen ansetzen, bis zu den Knien, wo sie in Kniebuckeln mit Muscheln endigen (Schöße). Die so entstandenen halben oder Trabharnische werden von Rittern und Anführern gegen Ende des Jahrhunderts mit Vorliebe an Stelle des oder neben dem ganzen Feldharnisch getragen, und zwar meist in Verbindung mit der Sturmhaube oder dem geschlossenen Helm. Aus praktischen Gründen wird der Trabharnisch meist gebläut oder geschwärzt, den einzigen Schmuck bilden dann die Messingnieten. Die Brust rückt mehr und mehr hinauf, die Schöße wachsen ins Maßlose. Die letzte Phase der Entwicklung des Kampfharnischs wird durch den Pikenierharnisch dargestellt; er besteht aus einer Eisenhaube (Zischägge), Brust und Rücken, Spangröls, kurzen Beintaschen. — Harnische, bei denen auch Brust und Rücken geschoben sind, wie sie schon im 15. Jahrhundert in Italien auftauchen, nennt man Krebse (ganze und halbe Krebse), später auch ungarische Krebse, weil sie in Ungarn sehr beliebt wurden, oder hussarische Harnische. — Auf den Lentner, das Schuppenkleid des Ritters in der Zeit der Kreuzzüge, geht der Korazin (italien. corazzino, kleiner Küraß) zurück, ein kurzes, ärmelloses Wams, aus kostbarem Stoff, meist Samt, das innen mit dachziegelartig in Reihen übereinandergelegten verzinkten Eisenschuppen besetzt ist, und zwar meist derart, daß die vergoldeten Nietköpfe nach außen als Schmuckmotiv wirken. Dies Kleidungsstück des Adligen kam aus Italien im 15. Jahrhundert nach Deutschland und besonders den romanischen Ländern ebenso wie die Brigantine, bei der die Schuppen das Wams aus Leder oder Stoff an der Innenseite bedecken. Panzerhemden wurden noch im 16. Jahrhundert vielfach unter dem Harnisch, zum Schutz der etwa zwischen den Platten an den Gelenken sichtbar werdenden Körperteile, getragen. Kurze Röcke aus Panzerzeug, wie sie unter dem Kostüm zum Schutz gegen plötzliche Angriffe, wiederum vor allem in Italien und Spanien, viel getragen wurden,

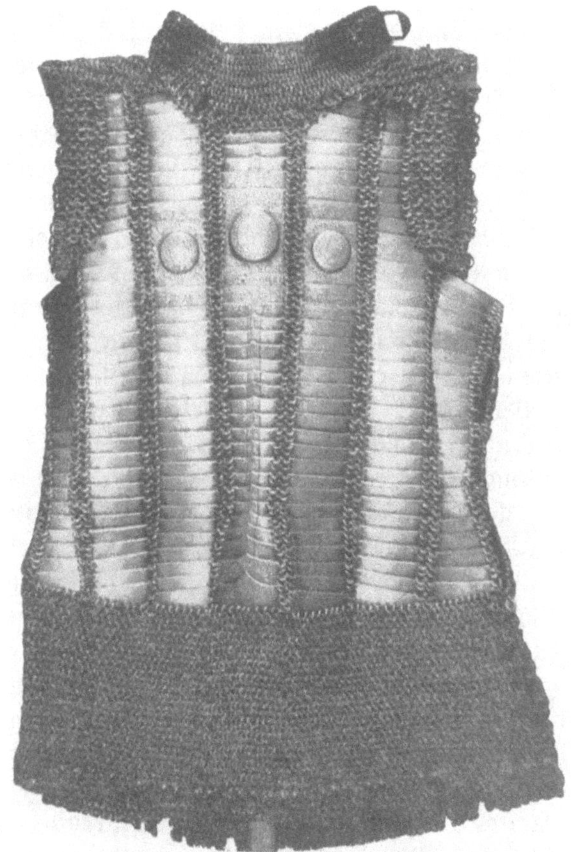

Fig. 63. Polnischer Harnisch (Juschman.) Um 1580 in Posen gefertigt. Berlin, Zeughaus.

nannte man Jazerins (ghiazzerino = Netz), eine Bezeichnung, die aber auch für das Wams mit außen aufgenähten Schuppen gebraucht wird. Kragen aus Panzerzeug findet man gelegentlich im 16. Jahrhundert über den Harnisch gelegt. Derartige Stücke stammen meist aus Polen und der Türkei oder sind von Waffenschmieden östlicher Herkunft (Wolf Pohle in Dresden) in Deutschland gefertigt.

Um die Mitte des 14. Jahrhunderts beginnt sich der Harnisch für das Turnier von dem Feldharnisch für den Ernstkampf zu unterscheiden. Des Kolbenturnierhelmes, dessen weite Rundung über einer aus Werg genähten Schädelbinde, der Harnischkappe, saß, und seines starken Gittervisiers wurde schon gedacht. Auch der Visierhelm, wie er bei den Fußturnieren („Kämpfen“) der Maximilianischen Zeit üblich war, ist ungewöhnlich groß und schwer. Ein weiter abstehender Kampfschurz, der manchmal geschoben war, deckte Unterleib und Oberschenkel des Kämpfers; saß dieser zu Pferd, konnte der Schurz durch Herausnehmen eines bogenförmig eingeschnittenen Vorder- und Hinterstückes dem Sattel angepaßt werden. Vom Beginn des 15. Jahrhunderts an entwickeln sich die Harnische für das Stechen und für das Rennen selbständig; aus der Kodifizierung des Turnierwesens, wie sie in der Bilderschrift des Freydal Kaiser Maximilians vorliegt, läßt sich ein genaues Bild der Bewaffnungstypen für diesen fürstlichen Sport gewinnen. Das deutsche Stechzeug besteht aus einer kurzen, runden, rechts abgeflachten Brust mit tiefen Armausschnitten; der Stechhelm, dem Kübelhelm des 13. Jahrhunderts verwandt, mit leicht eingezogenen Wänden und flachem Scheitel, ist vorn an der Brust durch Schrauben, am Rücken durch eine senkrechte in einer Röhre laufende lange Schraube, die Helmzagelschraube, befestigt. Der Rüsthaken dient zum Auflegen der Stechstange, über die rückwärts der Rasthaken, an der Spitze einer rechts an der Brust angeschraubten schweren Eisenschiene, greift. Eine kurze Schiftung, das Magenblech, setzt sich in kurze, geschobene Beintaschen fort; ihnen entspricht am Rücken ein parallelogrammförmiges Blech, das Schwänzel. Achseln mit meistens kleinen Flügen und Schwebescheiben, Armzeug mit großen Stechmäuseln und eine Hentze mit fester Stauche am linken Arm, dem Zügelarm, vervollständigen die Ausrüstung. Zum Anbinden der hölzernen, mit Hirschhornplatten oder Holz belegten Tartsche befinden sich an der linker Brustseite eine Anzahl Löcher. An der bis 4 m langen Stechstange, deren Spitze den schweren, drei- oder vierzackigen Krönig trägt, deckt die trichterförmige Brechscheibe die unbehandschuhte Hand. Das italienische Stechzeug (für das Gestech über die Planke, das Dill) hat eine durchaus runde Brust, keinen Rasthaken, statt der Achseln Spangröls und bewegliches linkes Armzeug. In England und Frankreich findet der Typus des deutschen Stechzeuges mit geringen Veränderungen Aufnahme. — Das Rennzeug nimmt die Schallern auf („Rennhut"), die, ohne Visier, nur mit Sehspalt versehen, mit einer Nut über eine kleine Nase am Rennbart greift, der seinerseits an der Brust festgeschraubt ist. An das Magenblech schließen sich lange, vielfach geschobene Schöße an; die große hölzerne oder eiserne, die ganze linke Seite deckende Tartsche ist am Barte festgeschraubt. Die Armlöcher sind tief ausgeschnitten; die rechte Brustseite wird von einer Erweiterung der Brechscheibe, dem Brechschild, bedeckt. Die Rennstange endigt in einer kantigen Eisenspitze, dem Scharfeisen. — Dies die Grundtypen der Turnierzeuge, wie sie bei den dreizehn im Freydal genannten Turnierarten gebraucht wurden. Streiftartschen oder Dilgen sind eiserne Platten in Schalenform, die bei Rennen, bei denen das Beinzeug wegfiel, zum Schutze der Schenkel an Riemen über den Pferderücken gehängt wurden. Eine spätere, seit der Mitte des 16. Jahrhunderts aufkommende Form des Harnischs zum welschen Gestech über das Dill (Pallienrennen) führt eine Art geschlossenen Helm mit hochgetriebenem Kamm ein; an Stelle des Bartes tritt die Brust, Schulter und das Gesicht zum größten Teil bedeckende Doppelachsel. Daneben wird die schwere, hölzerne Stechtartsche durch eine etwas größere, sich mehr der Körperform anschmiegende Eisentartsche ersetzt mit einer gitterartigen Auflage, um das Abgleiten des Krönigs beim sog. Realgestech zu verhindern. Für dies letztere Turnier konnte

Fig. 64. Panzerkragen. Ende des 16. Jahrhunderts. Dresden.

auch der Feldharnisch mit Burgunderhelm, ganzem Armzeug und kurzen Beintaschen verwendet werden, den dann Tartsche und linksseitiger Bart ergänzten. Bei den sächsischen Rennzeugen wurde der Rennhut, der keinen festen Sitz hatte, durch eine gabelartige Schiene mit dem Rücken verbunden.

Der Roßharnisch entwickelt sich aus der Parsche, der

ledernen, mit eisernen Schuppen oder Ringen benähten Decke, die schon im 13. Jahrhundert das Streitroß bis an die Sprunggelenke einhüllte. Vornehmere benutzten eine Parsche, die bald aus praktischen Gründen in zwei Teile, den (vorderen) Fürbug und das (hintere) Gelieger, getrennt

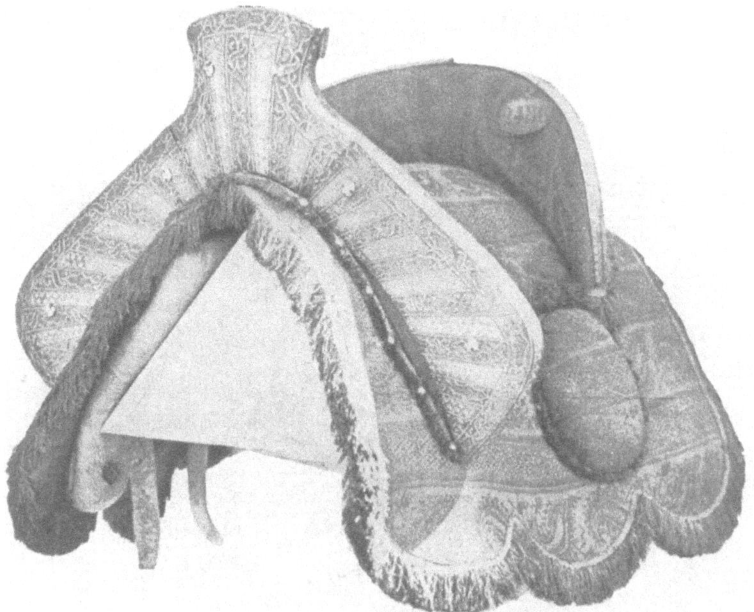

Fig. 65. Küriẞsattel. Ende des 16. Jahrhunderts. Madrid.

wurde, aus Panzerzeug. Wie der Gambeson des Ritters den Lentner mit kostbarem Stoff bedeckte, der das Wappen in köstlicher Stickerei zeigen konnte, so fiel eine seidene, oft gleichfalls heraldisch dekorierte Decke über den Roßharnisch; Zaumzeug und Sattel wurden mit Schellen, der Kopf des Gaules mit einem Federbusch oder einer zimierartigen, heraldischen Figur geschmückt. In der Mitte des 15. Jahrhunderts ist der Ersatz der Teile des Roßharnisches durch Eisenplatten vollzogen. Aus der Roßstirn bildet sich

Fig. 66. Steigbügel, 16. und 17. Jahrhundert. München, Nationalmuseum.

der Roßkopf mit steilen Ohrenmuscheln und Augenlöchern mit Dächern und Gittern; an ihn schließt sich das geschobene Halsstück, der Kanz („ganzer Kanz", wenn mit den unteren Halsgeschüben verbunden). Die Brust wird vom Fürbug, der meist unten etwas aufgebogen oder ausgezackt ist und seitliche Auftreibungen, Streifbuckel, zeigt, die Seiten

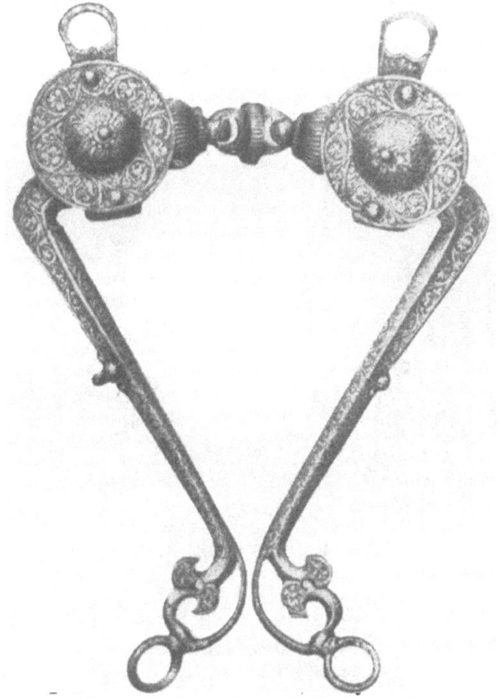

Ehemals Sammlung Spitzer, Paris.

von den Flankenblechen, der Rücken vom Gelieger bedeckt, das sich aus dem Kruppteile und den Seitenteilen oder Taschen zusammensetzt. Selbst die Zügel werden gepanzert (Zügelbleche). Dies die Ausrüstung des schwer geliegerten Rosses; das leicht geliegerte trägt nur die (ganze oder halbe) Roßstirn, den halben Kanz, kleinen Fürbug und ein aus breiten Eisenbändern zusammengesetztes Gelieger. Ein aus Samt und Seide gebildetes, oft mit getriebenen und durchbrochenen, geätzten und vergoldeten Blechen besetztes Pferdegehänge, das sich in seinem Aufbau dem Roßharnisch anschließt, nennt man Caperation.

Am Zaumzeug scheint die Trense der entwicklungsgeschichtlich älteste Teil: sie ist schon in der Völkerwan-

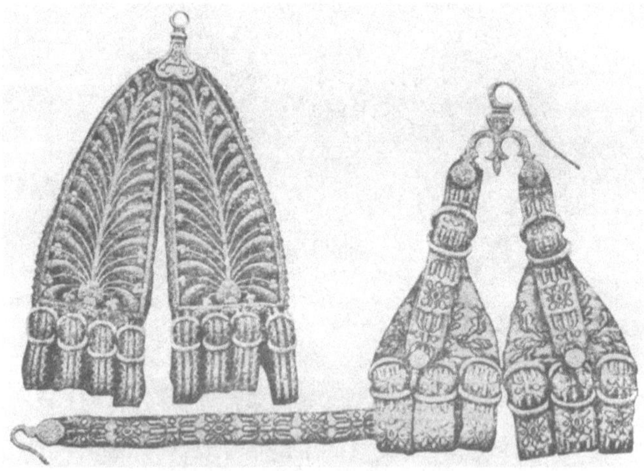

Fig. 68. Degentaschen. Ende des 16. Jahrhunderts. Ehemals Sammlung Spitzer.

derung aus dem Orient in Europa eingeführt worden, während die Kandare erst in der Zeit der Kreuzzüge auftritt. Der Stangenzaum mit gebrochenem Gebiß, Zungenspiel und Kinnkette wird durch die Italiener, die ersten Reitkünstler des Mittelalters, gegen Anfang des 15. Jahrhunderts ausgebildet; die Stirnkette und der Dscheleng, d. h. der aus einer verzierten Kugel mit Roßschweif bestehende Anhänger unterm Hals des Pferdes, stammen aus der Türkei. Reich ausgestattete Maulkörbe finden sich besonders aus dem 16. und 17. Jahrhundert. Der flache Sattel der Frühzeit ist schon auf dem Teppich von Bayeux einem solchen mit Knopf und Hinterbogen gewichen; ihn wieder verdrängt der tiefe Krippensattel, dessen Hinterbogen mit den seitlich ausgebauchten „Krippen“ den Rücken des Reiters wie eine steile Lehne umschließt. Er ist oft prächtig ausgestattet, bemalt, mit geschnitztem Elfenbein bedeckt und dient dem mitteleuropäischen Ritter bis ins 16. Jahrhundert, wo er dem eisernen Kürißsattel weicht, der meist zu Mannes- und Roßharnisch gehört und deren Ausstattung folgt. Seit dem 17. Jahrhundert wird für seine Form, ebenso wie für die Ausbildung des Zaumzeuges, der Orient, daneben die östlichen Reiche Ungarn und Polen maßgebend. — Die Entwicklung von Steigbügel und Sporn möge nach den in Kap. 6 genannten Spezialwerken verfolgt werden.

C. Feuerwaffen

I. Geschütze

Bevor die Explosivkraft des sog. Schwarzpulvers, einer Mischung von Salpeter, Holzkohle und Schwefel, für Kriegszwecke ausgenutzt wurde, nahm das Feuer als Triebkraft der Fernwirkung in der Geschichte der Bewaffnung einen nicht unbeträchtlichen Platz ein. Wir wissen von Versuchen der Chinesen seit dem 13., der Araber seit dem 14. Jahrhundert, Instrumente im Sinne der späteren Geschütze zu konstruieren. Über Spanien gelangten solche Versuche wohl nach Italien, wo die Quellen seit dem Anfange der dreißiger Jahre des 14. Jahrhunderts von der Verwendung von Feuerwaffen berichten. Die ersten Geschütze waren wahrscheinlich aus Holz gebohrte, dann aus starkem Eisenblech zusammengebogene und verlötete Röhren und weiter kurze, aus Eisen oder Kupfer geschmiedete, walzenförmige Rohre, die man in Deutschland „Büchsen“ (von πύξις, Kapsel) nannte. Die Seelenlänge betrug in der Regel sechs Kaliber, die Geschosse waren aus Blei, das mit der Hand gefertigte Pulver hatte Staubform (Mehlpulver). Dies waren die Blei- oder Lotbüchsen. Die nächste Stufe der Entwicklung bezeichnen die Steinbüchsen, die seit Ende des 14. Jahrhunderts aus Eisenstäben geschweißt und mit Eisenreifen (Dauben) umwickelt wurden. Der hintere, engere Teil eines solchen Rohres, das Kammerstück (italienisch: cannone) wurde zu drei Fünfteln mit Pulver gefüllt, ein Fünftel blieb frei und ein Fünftel wurde mit einem festen Holzteil verkeilt. Der vordere Teil, Bumhard, Bombarde, italien. tromba, nahm das Geschoß, die Steinkugel, auf. Daneben wurden (in Deutschland seit 1356) auch kurze Geschütze aus Bronze gegossen, während gegossene eiserne Geschütze erst seit dem 15. Jahrhundert vorkommen. Die bekannten Riesengeschütze oder Legstücke (Tolle Grete von Gent, Mons Meg in Edinburg, Faule Magd in Dresden) stammen aus dieser Zeit. Man unterschied bei den Lot- (Blei-) wie bei den Steinbüchsen große, mittlere und kleine Kaliber. Klotzbüchsen sind Lotbüchsen (Klotz = Geschoß), Serpentinen (Schlangen) mittlere, lange Lotbüchsen; aus den großen, kürzeren Lotbüchsen (Terrasbüchsen) gehen die Kartaunen und die Falken hervor. Die Steinkugeln waren oft mit Eisenbändern kreuzweise umwickelt, auch Brandgeschosse (Kupferkugeln mit Brandsatz), Kartätschgeschosse (Kieselsteine auf Holzscheiben = Hagel) finden sich, gußeiserne Kugeln erst seit 1460—1480. Die Bedienung solcher Geschütze war sehr langsam (oft nur ein Schuß täglich); sie lag in den Händen des Büchsenmeisters. In die unübersehbare Mannigfaltigkeit der Geschützformen des 15. Jahrhunderts brachte erst Kaiser Maximilian, ein leidenschaftlicher Artillerist, etwas Ordnung. Seine, unter Leitung seines Hauszeugmeisters Bartholomäus Freysleben durchgeführten Reformen bezweckten, bestimmte Klassen von Geschützen zu schaffen und die Munition möglichst zu vereinfachen (Zeugbücher, um 1515—1520). Er setzte an Stelle der alten Lafettenform (Lade und Bank) die Blocklafette, mit deren Konstruktion die Einführung der Schildzapfen Hand in Hand ging, und die dann neben der Wandlafette die weitere Entwicklung bestimmte. Er führte auch die ersten Richtmaschinen ein, die das alte System des Richtens mittels Keilen verdrängen sollten. Da er einsah, daß nur die Erleichterung des alten schwerfälligen Positionsgeschützes und die Vermehrung des Feldgeschützes kriegerische Erfolge bringen könne, wandte er sich in erster Linie der Umbildung der Feldgeschütze zu. Er schloß sich dabei an italienische Vorbilder an, ging von dem schwersten Geschütz, dem Hauptstück oder der hundertpfündigen Metze (= Frauenzimmer) aus und schuf die fünfzigpfündige

Scharfmetze (halbe Bombarde), die wie die Viertelbüchse, für 25 Pfund (Quartana = Kartaune), eiserne Kugeln schoß. Während die Scharfmetzen 5—8½ Kaliber haben, besitzen die eigentlichen Feldgeschütze, die Schlangen (Serpentinellen = Scharfentintlein) Rohre von 20—40 Kaliberlängen. Eine vierte Gruppe bilden die Mörser (Mortiers), kurze Rohre für Belagerungszwecke, und die Haufnitzen oder Haubitzen (Feldgeschütze für den Wurf). Orgelgeschütze sind Bündel von Feuerrohren (Mitrailleusen), die auf einem zweirädrigen Karren gefahren werden, die Kammerschlangen Hinterlader mit beweglichen Kammern (franz. veuglaires = Vögler), die Terrasbüchsen (von Terras = Wall, Gerüst) Belagerungsgeschütze. Das leichteste Feldgeschütz war das Falkonett, das auf einer Gabellafette von einem Pferde gezogen werden konnte und nur 2 Pfund Blei schoß.

Noch weiter in der Verminderung der Geschützarten und der Erleichterung des Materials ging Karl V. mit seinem Geschützmeister Gregor Löffler. Unter ihm erfand der Nürnberger Mathematiker Georg Hartmann 1540 den Kalibermaßstab (Scala librarum), der bei allen europäischen Artillerien Aufnahme fand. In der kaiserlichen Artillerie werden 1552 sieben Arten Geschütze, von 40—3 Pfund, gezählt. Die Verbesserung der Lafetten und die nunmehr fast ausschließliche Verwendung des gekörnten Pulvers, das sich schon um 1425 bei Handfeuerwaffen eingeführt hatte, und die sich daran anschließende Ausbildung des Kartätschgeschosses sicherten der Artillerie nun eine entscheidende Rolle in der Kriegführung. Die Kenntnis der Ballistik wurde durch Untersuchungen italienischer Mathematiker gefördert. — Die Zeit der Reformationskriege, die meist Belagerungskriege sind, bringt allerhand Verbesserungen der Wurfgeschütze, die des Dreißigjährigen Krieges solche der leichten Feldartillerie (dünnwandige Eisengeschütze und Lederkanonen, d. h. strickumwickelte

Kupferrohre mit Lederüberzügen) und der Hohlgeschosse mit Sprengladung. Die durch die Einfachheit ihres Systems (nur vier Kaliber) vorbildlichen niederländischen Geschütze wurden vielfach nachgeahmt. Im 18. Jahrhundert galten die preußische und sächsische Artillerie als die besten Europas. Bei der ersteren, der alle Fürsten seit Friedrich Wilhelm I. die größte Pflege hatten angedeihen lassen, wurden unter Friedrich dem Großen als Feldgeschütze nur Bronzerohre auf Wandlafetten mit hölzernen Achsen verwendet. Eine Vermehrung der mitgeführten Munition, insbesondere bei dem bevorzugten Dreipfünder, erlaubte die Kastenprotze, die 1740 eingeführt, seit 1778 auch für die Haubitze verwandt wurde.

Abgefeuert wurden die Geschütze anfangs mit einem Stück glühender Kohle, das auf die Pfanne gelegt wurde; als man die Pfanne mit Pulver füllte, entzündete man dies mit einer glühenden Eisenstange, erst seit dem Ende des 14. Jahrhunderts mit Feuerschwamm. Die Lunte (ein mit Bleizucker gebeizter Hanfstrick) wurde um 1420 erfunden, die dann jahrhundertelang im Gebrauch blieb. Erst Ende des 18. Jahrhunderts wurde die Ladung durch Schlagröhren entzündet, die aus Federposen, Schilf oder Blech bestanden, mit Pulver geladen und mit einer Lunte angebrannt wurden. Gehauenes Eisen, Stangen und Kettenkugeln als Ladung verbot seit Ende des 17. Jahrhunderts das Kriegsrecht. — In Frankreich, dessen Artillerie in den Kriegen Ludwig XIV. fast verbraucht war, schuf General Gribeauval, nach dem Vorbilde der friderizianischen und der österreichischen Geschütze, die sich im Siebenjährigen Kriege bewährt hatten, neue Formen, die dann die Grundlage der europäischen Artillerie in den napoleonischen Kriegen und bis in die Mitte des 19. Jahrhunderts bildeten. Diese wird gekennzeichnet durch die Einführung der gezogenen Rohre und die Wiederaufnahme der Granatkartätsche (in England 1803 durch Oberst Shrapnel).

Durch die Einführung der Reibschlagröhre als Zündungsvorrichtung wurde die Lunte endgültig beseitigt.

II. Handfeuerwaffen

In Italien seit der ersten Hälfte des 14. Jahrhunderts, mit Sicherheit seit 1364 erwähnt, finden sich in Deutschland gegen Ende dieses Jahrhunderts kurze aus Bronze gegossene Feuerrohre, die wohl in einem Holzblock lagen und von dem einzelnen Manne geführt wurden (Tannenberger Büchse im Germanischen Museum, Nürnberg, 1399). Eiserne, über einem Dorn geschmiedete Rohre, hinten mit einem Keil verschlossen, und mit einem hölzernen oder eisernen Stiel, wie sie seit Anfang des 15. Jahrhunderts aufkommen, auf fahrbaren Gestellen und von zwei Mann zu bedienen, bilden den Übergang vom Geschütz zur Waffe des Fußvolkes. Den Rückstoß suchte man durch einen eisernen Haken zu brechen, der nahe der Mündung angeschweißt war und an der Brüstung des Walles eingehängt wurde (Hakenbüchse). Ein kurzes, oft nur spannenlanges Handrohr, wie es um die Mitte des 15. Jahrhunderts von italienischen Reitern geführt wurde, hieß scopitus (Petrinal); es wurde auf einer kleinen Gabel, die sich auf den vorderen Sattelbogen stützte, aufgelegt und mit der Lunte abgefeuert. Die weitere Entwicklung verbindet sich mit Versuchen, an Stelle der Handzündung eine Zündung auf mechanischem Wege zu setzen. Die erste Stufe bezeichnet hier

1. Das Luntenschloß. Hier wurde die Lunte in den vorderen Arm (Hahn) eines zweiarmigen Hebels eingeklemmt; ein Druck auf den unteren Arm läßt sie sich in die Pfanne senken oder, als man den Hahn (Stange) mit seinem vorderen Teil auf eine Feder (Schlagfeder) legte, in die Pfanne schlagen. Später verband man den Hebel mit einer Druckfeder (Stangenfeder), die sie nach dem Niederschlagen wieder in seine frühere Stellung brachte

(Luntenschnappschloß). Der Hahn mit den übrigen Teilen des Mechanismus, die Pfanne und der drehbare Deckel, der das Wegblasen des Pulvers verhinderte, waren am Schloßblech befestigt, das am Schaft angeschraubt war. Der Keilverschluß der ersten Periode wurde gegen Ende des Jahrhunderts durch eine Schraube ersetzt (Schwanzschraube). Manchmal lief der Hahn in ein Röhrchen aus, das statt der Lunte ein Stück Feuerschwamm enthielt (Schwammschloß). Der Schaft war noch fast ohne Krümmung und Kolben (deutsche Schäftung). — Luntenschlösser waren, der Einfachheit ihrer Konstruktion halber, bis ins 17. Jahrhundert in Gebrauch (so bei der schwedischen Armee im Dreißigjährigen Kriege). Einfache Zielvorrichtungen (Visier und Korn) erhöhten ihre Brauchbarkeit; ihres Gewichtes wegen wurden sie in der Regel auf Gabeln gestützt und mit dem allmählich sich stärker absenkenden Kolben an die Schulter angelegt.

2. Radschloß. Die Nachteile des Luntenschlosses (leichtes Auslöschen der Lunte) ließen den Wunsch entstehen, den das Pulver zündenden Funken selbsttätig im Schlosse zu erzeugen. Von dem Prinzip der alten Reibfeuerzeuge, wo der durch Reibung von Stahl und Schwefelkies entstandene Funke ein Stück Schwamm entzündet, gelangte man zum Radschloß, das wahrscheinlich um das Jahr 1515 von Johannes Kiefuß in Nürnberg erfunden worden ist. Ein an seiner Peripherie mit Längs- und Querriefen versehenes Stahlrad ist mit einer Welle am Schloßblech befestigt und reicht von unten in die Pfanne ein. Die Welle ist im Innern durch eine kurze Kette mit einer starken Schlagfeder verbunden; wird sie gedreht, so legt sich die Kette um die Welle und die Feder wird gespannt: diese Stellung des Rades wird dadurch fixiert, daß das Köpfchen einer Stange in eine entsprechende Vertiefung des Rades einspringt. Das gehobene hintere Stück dieser Stange wiederum liegt dann auf dem Arme des Abzuges.

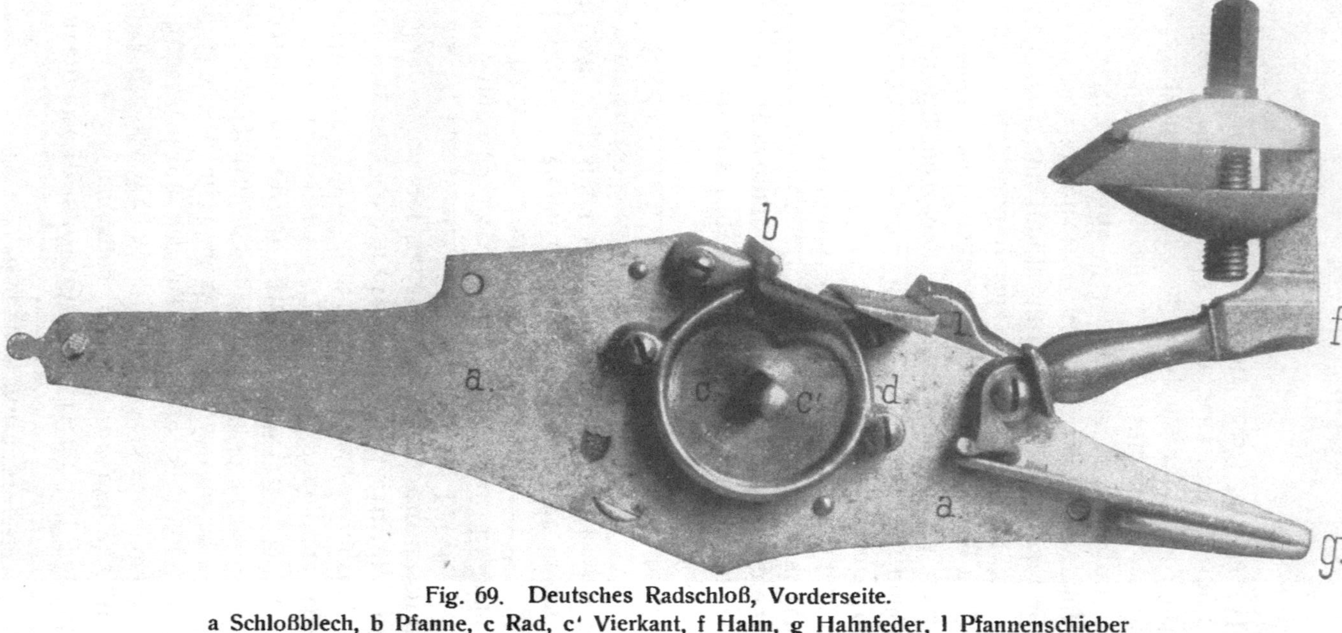

Fig. 69. Deutsches Radschloß, Vorderseite.
a Schloßblech, b Pfanne, c Rad, c' Vierkant, f Hahn, g Hahnfeder, l Pfannenschieber

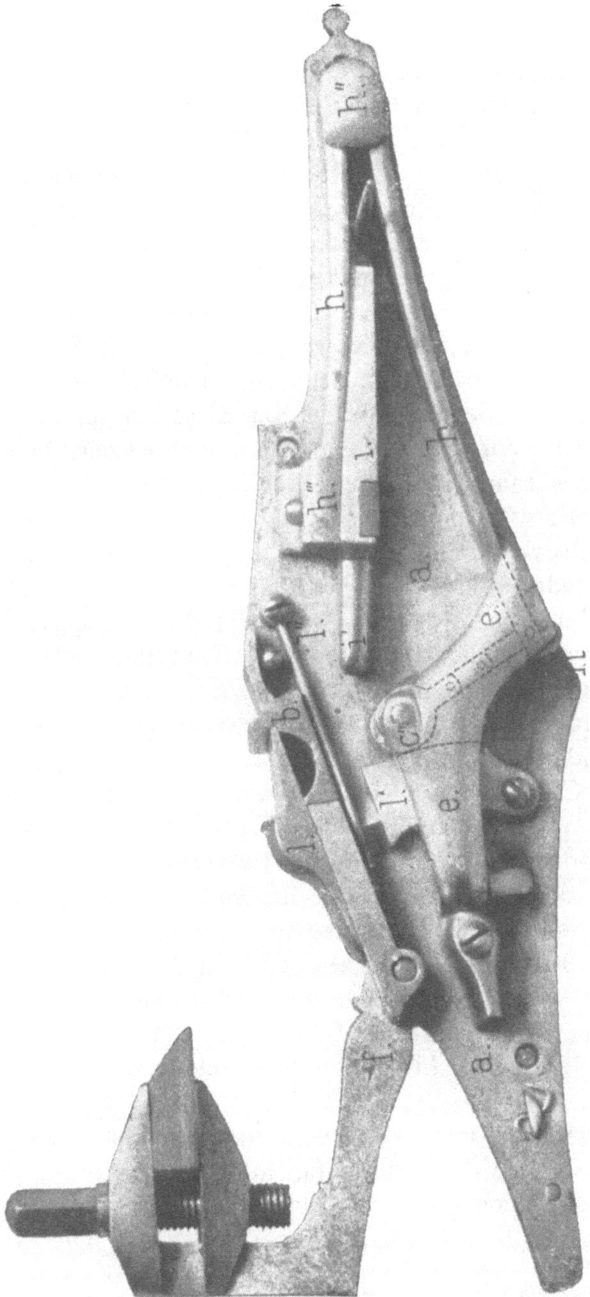

Fig. 70. Deutsches Radschloß, Innenseite.
a Schloßblech, b Pfanne, e Studel, f Hahn, h Schlagfeder (h' Kropfen, h'' Deckplatte, h''' Backen), i Stange (i' Stangenkopf), l Pfannenschieber (l' Arm, l'' Feder des Pfannenschiebers).

Auf das so gespannte Rad wird in der Pfanne der ein Stück Schwefelkies (Pyrit) haltende Hahn gedrückt. Ein Druck auf den Abzug hebt das Stangenköpfchen aus der Vertiefung des Rades, das sich unter dem Druck der entspannten Stangenfeder schnell zurückdreht. Durch die Reibung an dem Schwefelkies werden Funken erzeugt, die das in der Pfanne liegende Pulver (Zündkraut) entzünden; durch das Zündloch kommt dann die im Laufe liegende Ladung zur Explosion. — Spätere Verbesserungen waren: die Studel, d. i. eine mit zwei Zapfen im Schloßblech befestigte Platte, die als Achslager der Welle dient, um diese bei der Stärke der Schlagfeder vor Schwankungen zu bewahren; eine Feder am Fuße des Pfannenschiebers, der sonst beim Abziehen durch ein Verstärkungsstück der Welle zurückgeschoben wird: ein Druck auf einen Stift ließ die Feder den Pfannenschieber wieder über die Pfanne gleiten; ein kleiner Hebel an der äußeren Seite des Schlosses, der das Zurückziehen des Abzuges verhindert und so eine Sicherung darstellt; Vorrichtungen zum Selbstspannen; Verbindungen von Rad- und Luntenschloß u. a. Denn so geistvoll die Erfindung des Radschlosses war, soviel zuverlässiger als das Luntenschloß im Gebrauch es sich zeigte, machten es doch seine Nachteile (rasches Abnützen des Schwefelkieses, leichtes Verschmanden des Rades durch Pulverrückstände, Verschmutzen des komplizierten Mechanismus) und sein hoher Herstellungspreis für den Kriegsgebrauch im großen unpraktisch. So blieb es auf Faustrohre, d. h. Reiterwaffen, und Jagdgewehre beschränkt, erhielt sich aber hier mühelos bis ins 18. Jahrhundert. Das erste datierte Radschloß weist die Jahreszahl 1541 auf; 1543 soll der Stecher erfunden sein. Der Lauf wurde seit Anfang des 16. Jahrhunderts gebohrt; gezogene Läufe, schon 1498 erwähnt, kommen gegen Mitte des 16. Jahrhunderts, besonders für Jagdzwecke, solche mit gewundenen Zügen nur wenig später in Aufnahme (Stern-, Rosen-, Haarzüge). Die Win-

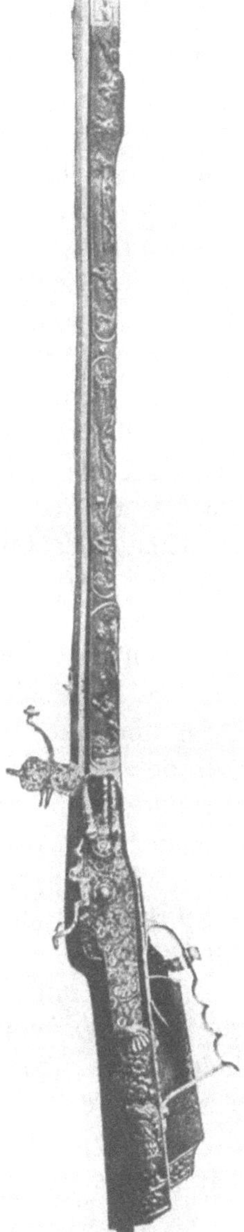

Fig. 71. Radschloßgewehr(Pirschbüchse) von Hans Keiner, Eger 1677, SchloßOsterstein(Gera).

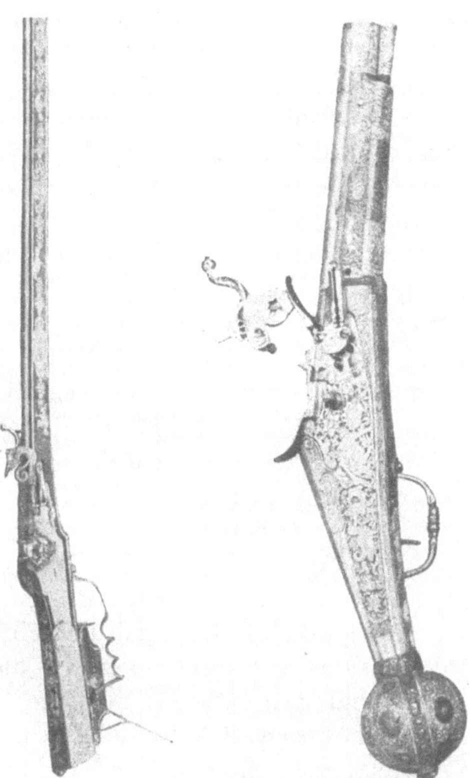

Fig. 72. Radschloßgewehr, Veste Coburg.

Fig. 73. Puffer (Faustrohr). München, Nationalmuseum.

dung entspricht in der Regel einem Umfang auf die Rohrlänge (Drall; Erfinder wahrscheinlich der Nürnberger Augustin Kotter, um 1570).

3. Das spanische Schnappschloß (Schnapphahnschloß, Steinschnappschloß) wurde ungefähr zur selben Zeit wie das Radschloß erfunden. Sein Prinzip grün-

det sich auf das des Schlagfeuerzeuges und ist sicher von den Arabern und Türken zuerst verwendet worden (türkisches Schnappschloß); aus Spanien gelangte es über die Niederlande und Frankreich auch nach Deutschland, ohne sich neben dem Radschloß behaupten zu können. Seine Eigenheit besteht darin, daß der Hahn mit seinem Schwefelkies auf eine rauhe Schlagfläche schlägt und so den Funken erzeugt. Ähnelt diese Konstruktion dem Luntenschnappschloß, so bedeutet es einen außerordentlichen Schritt vorwärts, als der Schlagflächenteil mit dem Pfannendeckel zu einem Stück, der Batterie, verbunden wird. Beim Abzug streift der Stein den Batteriedeckel, der dadurch aufschlägt und die Pfanne öffnet. Lag hier das Federsystem noch außen, so wurde später die Schlagfeder ins Innere verlegt und der Schwefelkies durch den härteren Feuerstein (Flintstein) ersetzt. Die Schlagfläche nahm gebogene Form an, damit der Stein größere Funken beim Anstreifen erzeugen konnte. In den Niederlanden wurde das Schnappschloß dergestalt umgebildet, daß der gesamte Mechanismus ins Innere verlegt, die Batterie aber verworfen und statt dessen neben dem Pfannendeckel ein auf einem gebogenen Stiele sitzendes Schlageisen, die Schnapphahnbatterie, eingeführt (niederländisches Schnappschloß). Das älteste derartige datierte Stück trägt die Jahreszahl 1598. — Das Schnapphahnschloß, obwohl einfacher als das Radschloß, führte sich, neben dem Luntenschnappschloß, nur in den außerdeutschen Heeren ein, herrschte dort aber auch nach der Erfindung des Steinschlosses und findet sich z. B. in Spanien bis ins 18. Jahrhundert in Gebrauch. Auch in Österreich griff man noch im Jahre 1745 bei Einführung eines neuen Infanteriegewehres auf diese Konstruktion zurück.

4. Das Steinschloß (Batterieschloß, französisches Schloß) ist nach zahlreichen Zwischenstufen aus dem Schnappschloß hervorgegangen. Seine Erfindung ist wahr-

scheinlich um die Mitte des 17. Jahrhunderts in Paris gemacht worden, und zwar für Luxus- und Jagdgewehre. Die Nuß, d. h. jener eiserne, scheibenförmige Körper, der schon bei einzelnen Schnapphahnschlössern die Wirkung

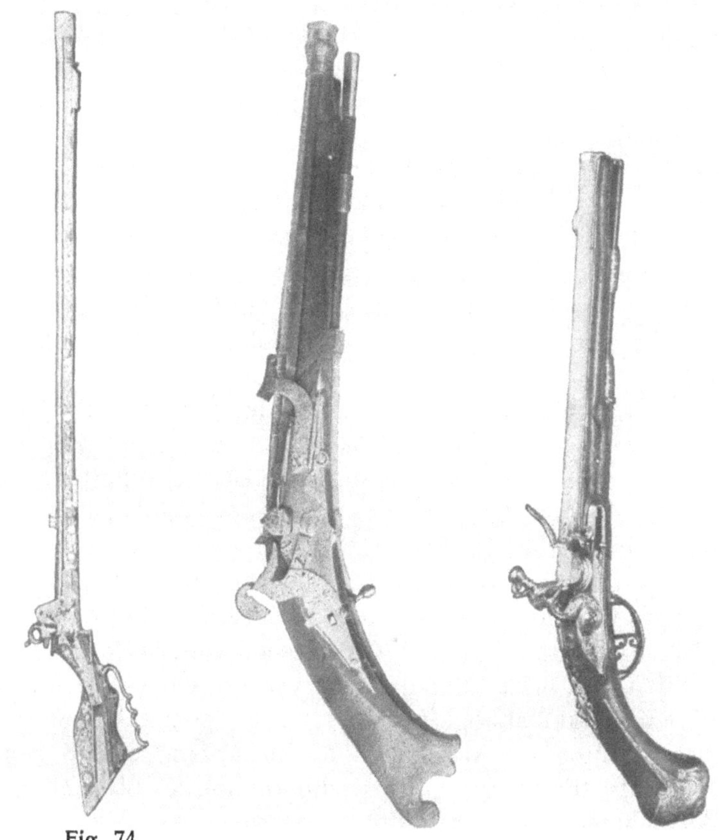

Fig. 74. Kurländische Tschinke. Anfang des 17. Jahrh. Emden, Rüstkammer.

Fig. 75. Schottisches Faustrohr mit niederländisch. Schnapphahnschloß. 1598. Dresden.

Fig. 76. Pistole König Friedrichs IV. von Dänemark. 1711. Dresden.

der im Innern des Schlosses liegenden Schlagfeder auf den Hahn vermittelte, mit ihren beiden Rasten, d. h. Einschnitten, in die sich beim Aufziehen der Schnabel der Stange senkt (Ruhrast oder Mittelrast und Spannrast) ist das konstruktive Kennzeichen des Steinschlosses. Ein Druck auf die Stange (Abzug) hebt den Schnabel aus der Rast, in die er beim Zurücklegen des Hahnes gedrückt und in der er durch die kleine Stangenfeder festgehalten ist; dadurch dreht sich die Nuß, die Bewegung überträgt sich mittels des durch das Schloßblech gehenden Vierkants auf den Hahn, dieser schlägt vorwärts gegen den Pfanndeckel der Batterie und reißt so den Funken ab, der das in der Pfanne liegende Kraut entzündet. Die Ruhrast (Mittelrast) erlaubte, den Hahn in einer der Batterie näheren Stellung zu halten, doch so, daß die Batterie noch nicht geschlossen werden konnte; da in dieser Stellung nicht abgedrückt werden konnte, machte sie eine besondere Sicherung überflüssig.

Anfangs (1649) nur bei Pistolen der Reiterei eingeführt, eroberte sich die neue Konstruktion in kurzer Zeit die Armee: 1703 ist die gesamte französische Infanterie mit Steinschloßgewehren (Flinten, von dem Flintstein [Feuer- oder Hornstein] des Hahnes) ausgerüstet. Der verhältnismäßig einfache Mechanismus, der bis auf wenige Teile (Hahn, Pfanne, Batterie und Batteriefeder) unterm Schloßblech geschützt lag, und der diesem angepaßte leichtere Kolben, der, in der Handlage schwächer gemacht, sich nach hinten stärker abbog (französischer Kolben), bewährte sich im Feld wie auf der Jagd. Zu Anfang des 18. Jahrhunderts führte die europäische Infanterie mit geringen Ausnahmen nur noch Flinten. Gezogene Gewehre, wie sie zuerst 1631 als Waffe von Militärjägern (Scharfschützen) in Deutschland erwähnt werden, nennt man Büchsen. Aber erst nach den schlesischen Kriegen finden sich solche Kompagnien als stehende Truppe im Rahmen der Heeresorganisation, und zwar besonders in Österreich, Frankreich und Preußen. In der preußischen Armee hatte schon 1718

Leopold von Dessau den hölzernen Ladestock, der, von Anfang an bekannt, seit dem 16. Jahrhundert meist in einer Vertiefung des Vorderschaftes mitgeführt wurde, durch einen eisernen ersetzt.

Der Wunsch, das Gewehr auf der Jagd auch als Stoß-

Fig. 77. Pulvertasche. Ende des 16. Jahrhunderts. Kopenhagen, Zeughaus.

waffe zu gebrauchen, führte schon in der zweiten Hälfte des 16. Jahrhunderts dazu, einen Dolch mit einem hölzernen Handgriff (Spund) in die Mündung des Laufes zu stecken und so einen Spieß zu schaffen. Etwa 100 Jahre später wurde dies Bajonett (von Bayonne in Frankreich, wo solche Dolche schon im 16. Jahrhundert gefertigt wurden) in den Heeren eingeführt, und zwar suchte man im

Anfang das Bajonett sowohl für den Stich wie für den Hieb (Haubajonett, d. h. eine Art Hirschfänger) brauchbar zu halten. Da die Spundbajonette schlecht saßen und außerdem natürlich am Schießen hinderten, so verband man später das Bajonett mit dem Laufe durch eine Dülle (Düllenbajonett), welche bald durch einen Einschnitt (Narbe, gebrochener Gang) verbessert wurde, der seine Führung durch das Korn oder einen auf den Lauf genieteten Haft (Bajonettklötzchen) erhielt. Die Befestigung durch einen Ring auf der Dülle, der mit einem dem Hafte entsprechend angefeilten Wulst versehen ist, erscheint zuerst bei dem französischen Infanteriegewehr 1768, die durch eine Feder, welche beim Aufsetzen des Bajonetts mit ihrem Köpfchen über einen erhöhten Rand am unteren Teil der Dülle einsprang, in Österreich um dieselbe Zeit. Da das Bajonett an einem von der Dülle rechtwinklig abgebogenen Halse saß, stand es weder beim Laden noch beim Feuern im Wege.

Die zum Gebrauche der Handfeuerwaffen nötigen Gerätschaften entwickelten sich aus dem Inventar des Büchsenmeisters oder Stückknechtes, der die Geschütze bediente: der Ladeschaufel, dem Wischer, dem Ladestock, dem Luntenstock usw. Die Gewehrgabel führte sich in der ersten Hälfte des 16. Jahrhunderts zugleich mit der Muskete ein (mousquete, span. = Fliege), einem etwa 1,50 m langen Gewehr ohne Haken, die von einem Manne leicht bedient werden konnte. Etwa anderthalb Jahrhunderte lang war der Musketier mit seiner Gabel, der beim Laden das Pulver aus der hölzernen Patronenbüchse nahm, nicht mehr aus dem Pulversack, in allen Heeren zu finden.

Das Pulver wird anfangs von den Landsknechten in einer scheibenförmigen Flasche geführt, die mit einem Ausgußrohr versehen ist und an einer Schnur auf dem Rücken getragen wird, während das Zündkraut in einem kleinen Hörnchen aufbewahrt wurde. Die kantigen, trapezförmigen

Pulverflaschen führen die Italiener seit etwa 1580 ein; sie sind ziemlich umfangreich, mit Eisen (Kupfer) beschlagen und mit Schnuren und Quasten verziert. Dieselbe Form wird dann auch für das weit kleinere Zündkrautfläschchen beliebt. Das Pulverhorn, mit Metall beschlagen und mit einem Ausgußrohr mit Pulversperre versehen, führte sich aus den Niederlanden in Deutschland ein. Es wurde mit dem Spanner (Radschlüssel) und dem Kugelbeutel am Leib-

Fig. 78. Patronenbüchse und Papierpatrone. Ende des 16. Jahrhunderts. Dresden.

riemen getragen. Hölzerne Patronen, in welchen die für einen Schuß ausreichende Menge Pulver enthalten war, wie sie im 16. Jahrhundert auftreten, wurden vom Musketier, etwa 10—12 an der Zahl, an einem Bandelier über der Schulter getragen. Reiter und Arkebusiere, d. h. Fußsoldaten mit leichten Radschloßgewehren, die man in Frankreich Karabiner nannte, trugen die Patronen in eisernen Büchsen (Patronenbüchsen) am Leibgürtel. Für Aufnahme der Papierpatronen, die seit dem Dreißigjährigen Krieg an Stelle der hölzernen Patronenhülsen traten (durch

Gustav Adolf im schwedischen Heere eingeführt), dienten dann lederne Taschen (Patronentaschen). Das Bandelier mit seinen klapprigen Anhängseln verschwand nun, die Tasche wurde an der Seite, dann am Rücken getragen; die Pulverflasche, für das Zündkraut, hing daneben. Das Aufschütten des Pulvers verlangsamte das Schießen, auch wurde das Pulver auf der Pfanne leicht feucht oder flog bei einem Windstoß davon. Um das Beschütten überhaupt überflüssig zu machen, erfand 1704 der Nürnberger Gottfried Hantzsch das konische (trichterförmige) Zündloch: das beim Laden in den Lauf gebrachte Pulver lief so von selbst auf die Pfanne, deren Deckel nicht geöffnet zu werden brauchte. Der Nachteil war der, daß dies Zündloch rasch ausbrannte, zuviel Gas entweichen ließ, also die Treibkraft verminderte, und durch den starken Feuerstrahl den Schützen belästigte. Immerhin sehen wir es 1770 in der ganzen preußischen Armee eingeführt.

Kapitel II

Technik, Kunst und Künstler

Solange die Herstellung des Eisens überhaupt zu den Kulturgütern der Menschheit gehört, ist auch seine Verwendung im Dienste des Krieges nachweisbar, ist die eiserne Waffe eines der ersten Erzeugnisse der Technik. Die Ägypter besaßen schon im Zeitalter der dritten Dynastie metallurgische Kenntnisse und Mittel genug, um das Eisen aus den Erzen zu reduzieren, d. h. schmiedbares Eisen durch Ausscheidung der natürlichen mineralischen Bindungs- und Nebensubstanzen zu gewinnen. Schon zur Zeit des Baues der Cheopspyramide, also ungefähr um 3000 v. Chr., sind eiserne Werkzeuge verwendet worden. Bei den semitischen Bewohnern des Zweistromlandes ist das Eisen zur Zeit der assyrischen Herrschaft allgemein in Gebrauch: in der Ausrüstung des assyrischen Kriegers spielt das Schwert eine entscheidende Rolle. Die bergmännische Gewinnung des Eisens bei den Israeliten ist durch die bekannte Stelle im Buche Hiob nachgewiesen, während Thubalkain, der biblische Erfinder der Nutzmetalle, nur als mythische Figur anzusehen ist. Auch bei den Hebräern, die als reisiges Fußvolk ins Land Kanaan eindrangen, war das Schwert die vornehmste Waffe; und zweifellos konnte nur dem eisernen Schwert, nicht dem aus Erz (Bronze), und zwar dem aus Stahl geschmiedeten ein wirklicher Erfolg im Kampfe gegen die schon stark entwickelte Schutzwaffe beschieden sein. Auch für das Vorkommen des Eisens bei den Phöniziern, dem unternehmendsten Kaufmannsvolk des Altertums und den Vermittlern zwischen chaldäischer und ägyptischer Kultur, liegen zahlreiche Zeugnisse vor. Bei den Arabern gar, einem technisch hochgebildeten Nomadenvolk, heißt der Künstler an sich „Schmied“; das Schwert war eine der wichtigsten Handelswaren dieser Ursemiten, und in dem Ruhme der zehn Schwerter Mohammeds klingt diese ehrwürdige Tradition nach.

Als Beweis für das frühe Auftreten des Eisens bei den arischen Stämmen in Asien sind etymologische Tatsachen entscheidend. Das Sanskritwort „ayas“, d. h. das Helle, Leuchtende, Glänzende, kehrt in der gotischen Wurzel „ais“ = „glänzen“ wieder, und auf dieser Grundlage entstehen die Bezeichnungen „eisarn“, ahd. „isarn“, mhd. „yseren“ oder „îsen“, altnordisch „iarn“, irländisch „jaran“, gaelisch „iarrun“, altspanisch „íarran“, lateinisch „ferrum“ für Eisen. Das Kupfer war, im Gegensatz zu den schon genannten Gebieten, verhältnismäßig wenig in Indien verbreitet, die Bronze kam erst durch den phönizischen Handel dorthin. Die Stahlfabrikation aber stand schon in der Mitte des zweiten Jahrtausends v. Chr. auf einer außerordentlich hohen Stufe; die wunderbaren Kämpfe der Mahâbhârata werden durch das große Schwert entschieden. Im ostiranischen Hochland ist die Eisenindustrie seit uralten Zeiten glänzend entwickelt. Die Perser verarbeiteten viel indischen Stahl; die Klingen von Khorassan waren noch im Mittelalter der höchste Schatz jedes Kriegers. Das nationale Krummschwert, unter den Achämeniden herrschend, wurde erst in der Sassanidenzeit durch das gerade Schwert der Griechen verdrängt. Die Damastbereitung ist bekanntlich die berühmteste technische Errungenschaft der indisch-persischen Schmiede.

Die Frage nach dem zeitlichen Verhältnis der Bronze zum Kupfer und zum Eisen in Griechenland wird durch die homerischen Berichte besonders beleuchtet. Nach Beck war das, noch von Voß und den meisten seiner Nachfolger mit „Erz“ übersetzter χαλκός nichts anderes als Kupfer, während die Herstellung der Bronze wahrscheinlich gar nicht bekannt war, da sich nirgends Angaben über sie oder über Erzguß finden. Auch das Eisen wird lange nicht so häufig genannt wie das Kupfer: in der Technik der Waffe, sogar der Trutzwaffe, tritt es hinter diesem durchgängig zurück und gilt als ein gemeineres und weniger wertvolles Metall, wenn es auch an Härte jenes übertrifft. So kommt es auch, daß z. B. in den mykenischen Gräbern Gegenstände aus Eisen verhältnismäßig selten auftauchen. Als Urheimat der Metallindustrie, besonders der Eisengewinnung, galt den Griechen auch der klassischen Periode die Insel Kreta. Für die Italiker nahm die Insel Elba dieselbe Stellung ein, und die Etrusker haben die Bearbeitung des Eisens für die Zwecke des Krieges zu hoher Vollendung gebracht. Ihre Erben, die Römer, nahmen als Kriegsvolk par excellence diese Überlieferung mit besonderer Leidenschaft auf. Durch zahlreiche Denkmäler, künstlerische und literarische Zeugnisse, z. B. Plinius, wird die wahrhaft geniale Herrschaft bezeugt, die den Römern wie über viele andere Gebiete technischen Könnens auch über dieses zu Gebote stand. Die Stellung der Waffenschmiede innerhalb der sonstigen Berufsgruppen war gesetzlich geregelt; in der Kaiserzeit gab es staatliche Waffenfabriken in allen Provinzen des Reiches, und schon damals mußte Toledum in Spanien seine berühmten Stahlklingen den Eroberern zur Verfügung stellen.

Auf die Fragen, welche mit dem Auftreten der Metalle in den Kulturphasen der vorgeschichtlichen Völker im Herzen und im Norden Europas zusammenhängen, kann hier um so weniger eingegangen werden, als die historische Waffenkunde, wie sie heute als selbständige Disziplin vor uns steht, die prähistorischen Denkmäler nicht mit in den Bereich ihrer Forschung einbezieht. Es wurde schon betont, daß dem Kupfer im Reigen der nutzbar gemachten

Metalle auch hier die erste Stelle zufällt. Durch Zusatz von Zinn entstand dann die Bronze, und wenn auch die Erfindung dieser Legierung selbst unbestreitbar dem Süden gebührt, gelang es doch den nordischen Völkern, diesen auf dem Handelsweg beschafften Werkstoff sich technisch wie künstlerisch völlig zu eigen zu machen. Gegenüber Beck, der die allgemeine Priorität des Eisens als Nutzmetall der nordeuropäischen Völker beweisen will, unterscheidet Hörnes, der verdiente Prähistoriker, in Europa Länder, welche eine glänzende und hochentwickelte, also eine langdauernde, und andere, die nur eine kurze, frühzeitig abgeschnittene Bronzezeit gehabt haben. Diese letzteren sind eher und nachdrücklicher von der Eisenzeit berührt worden: es sind die Mittelmeerländer Griechenland und Italien, das Gebiet der Ostalpen und Frankreich.

Der Hallstattstil der nordischen Völker, d. i. die erste Eisenzeit, trägt ausgesprochene Kennzeichen orientalischer Herkunft; sie dauert bei den Ländern der ersten Gruppe bis ins fünfte Jahrhundert v. Chr., und die Funde dieser Periode, insbesondere das Gräberfeld von Hallstatt selbst, lassen ein deutliches Nebeneinander der jüngeren Bronze- und der älteren Eisenkultur erkennen. Die sich anschließende La Tène-Zeit vermittelt für Mitteleuropa den Übergang zu den historischen Perioden: sie reicht in ihrer dritten, letzten Phase bis an das erste Jahrhundert christlicher Zeitrechnung heran. Ihre Kultur kann als die unmittelbare Vorstufe der römischen Provinzialkultur angesehen werden, die in mancher Beziehung direkt aus ihr hervorgegangen ist. Das Eisen beherrscht in ihr das Waffenwesen: die Schwerter sind jetzt sämtlich von Eisen, von oben bis gegen die Spitze gleich breit, ohne Knauf, mit bloßer Griffangel. Es ist die charakteristische Kultur der Kelten, des Volkes, mit dem sich die Westgermanen bei ihrer Ausbreitung aus dem mittleren Niederdeutschland auseinanderzusetzen hatten, und aus dessen Kulturkreis viele Vorstellungen und Ausdrücke in das Deutsche herübergenommen worden sind. Das Wort Eisen selbst gehört zu den keltischen Lehnwörtern des Germanischen.

Als die germanischen Recken mit hallenden Schritten in den Riesensaal der Weltgeschichte treten, blinkt die eiserne Waffe in ihrer Faust. Die Zimbern und die nicht germanischen, sondern keltischen Teutonen, die sich bei Noreja und bei Aquä Sextiä mit den römischen Legionen maßen, gebrauchten in ihrer eigentümlichen, durch die kombinierte Verwendung von Fußvolk und Reitern gekennzeichneten Taktik Panzer, eisenbeschlagene Schilde, Speere mit Spitzen an beiden Enden und lange, starke Schwerter. Julius Cäsar setzte die Politik seines Großoheims Marius gegen die Zimbern mit entscheidendem Erfolge fort: aber nicht die kriegerische Waffe im Einzelgebrauch, sondern die reifere Strategie gab in diesem Ringen zweier Nationen den Ausschlag. Im Teutoburger Walde läßt der Langsax manche lorica der Legionäre in Blut ertrinken. In den Jahrhunderten, die bis zur Eroberung des weströmischen Reiches durch die Germanen vergingen, haben die Römer auf der einen Seite von der Kunst der Eisenverarbeitung bei den besiegten Stämmen vielerlei aufgenommen, während auch diese selbst von gewissen stilistischen Eigentümlichkeiten der romanischen Kunst nicht unbeeinflußt blieben. Als der Entscheidungskampf des Nordens gegen den Süden anbrach, waren Goten und Langobarden, Vandalen und Franken im Besitze einer stattlichen Technik der Eisengewinnung und -verwendung, deren Ursprünge bei den keltischen Norikern, den Bewohnern des metallreichen Landes zwischen Donau, Inn, den Karnischen Alpen und der pannonischen Tiefebene, liegen.

Wie gewannen unsere Altvorderen aber den kostbaren Stoff aus dem Schoße der Erde? Soviel die Quellen erkennen lassen, ist die Technik des Ausschmelzens bei den zahlreichen genannten Völkern der vorchristlichen Zeit ziemlich einheitlich. Das Eisenerz wurde in möglichst reinem Zustand in Gruben und offenen Herden (Rennfeuern) oder in kleinen Öfen, die aus Steinen, Lehm und feuerfestem Ton aufgemauert waren (Stücköfen), zusammen mit brennender Holzkohle erhitzt. Das so ausgeschmolzene Erz wandelte sich in einen teigartigen Eisenklumpen um, der aus einzelnen zusammengeschweißten Eisenkörnern bestand und mit großen Mengen Schlacke durchsetzt war. Einen solchen Klumpen nannte man in Deutschland Wolf oder Luppe. Er wurde mit Hämmern durchgeschmiedet und dann verarbeitet. Die Schmelzöfen lagen meist im Gebirge, dessen Gestein das Erz, dessen Waldungen das Holz und dessen Winde den zum Anfachen der Flamme nötigen Luftzug lieferten. Die Blasebälge, die später die natürliche Anfrischung ersetzten, wurden anfangs von Menschenhand, später mechanisch, durch Wasserräder, in Bewegung gesetzt. So siedelten sich im Laufe des 15. Jahrhunderts die Eisenschmelzstätten auch an den Flußläufen, in den Tälern an. Das beim Schmelzverfahren neben dem schmiedbaren Eisen gewonnene stark verunreinigte, flüssige Roheisen war nicht schmiedbar, wurde aber als Gußmaterial seit ungefähr dem Anfang des 15. Jahrhunderts für Kanonen und Kugeln verwendet. Später wurde das Verfahren bekannt, die aus den alten Rennfeuern und Stücköfen kommenden Luppen in kleineren Stücken noch einmal durch besondere Feuer unter Windzuführung zu erhitzen und dadurch mehr und mehr von der Schlacke und dem Kohlenstoff zu reinigen. Diese Frischwirkung der Luft, auf das Roheisen verwendet, schuf aus diesem ein zwar teigförmiges, aber doch schmiedbares Eisen. Die indirekte Darstellung des Schmiedeeisens verdrängte allmählich die unmittelbare und ist heute, nach zahllosen technischen Errungenschaften in der Durchbildung der Hochöfen, die allein übliche.

Die Unterscheidung zwischen Roheisen, Stahl und

Schmiedeeisen beruht auf der Berechnung des Kohlenstoffgehaltes des Eisens. Technisch verwertetes, schmiedbares Eisen enthält nach neueren Feststellungen (Wedding) nicht über 1,5 % Kohlenstoff, Roheisen dagegen zwischen 3 und 4 %. Eisenarten mit 1,5—2,5 % C werden in der Praxis nicht verwendet, weil sie weder gut zu schmieden noch leicht zu gießen sind. Beim schmiedbaren Eisen unterscheidet man zwei Hauptarten: Schweißeisen, in teigigem Zustand gewonnen und schlackenhaltig, und Flußeisen, in flüssigem Zustand und schlackenfrei. Eine scharfe Grenze zwischen Schmiedeeisen und Stahl ist nicht zu ziehen. Die Höhe des Kohlenstoffgehaltes, die beim Stahl größer ist als beim Eisen, kann deswegen nicht entscheidend sein, weil die Eigenschaften des Eisens ja noch durch verschiedene andere Elemente, wie Sauerstoff u. a., beeinflußt werden. Die Unterscheidung nach Maßgabe der Härtbarkeit ist nicht durchzuführen, weil der Übergang von härtbarem zu nicht härtbarem Eisen allmählich stattfindet. Die Schmelzbarkeit des Eisens nimmt mit seinem Kohlenstoffgehalt zu, ebenso wie seine Härte. Indes wird auch diese Regel durch die Verschiedenheit des Verbindungszustandes von Kohlenstoff und Eisen eingeschränkt. Selbst die Zugfestigkeit gibt keine scharfe Grenze, weil das Prüfungsergebnis hier von der Dicke der Stäbe und von dem Umstande abhängig ist, ob das Material vorher ausgeglüht ist oder nicht. Allgemein gefaßt beruht der Unterschied zwischen Stahl und Eisen darin, daß Stahl durchweg ein härteres, spröderes, meist auch festeres schmiedbares Eisen ist als Schmiedeeisen. Die englische und die französische Sprache haben für beide Materialien nur eine Bezeichnung: steel, acier; und auch im deutschen Sprachgebrauch verwischt man die Grenzen zwischen beiden immer mehr.

An Schmied- und Schweißbarkeit dem Eisen nicht nachstehend, besitzt der Stahl in bezug auf die Härte eine besondere Eigentümlichkeit. Wird er in heißem Zustand langsam abgekühlt, so wird er weich; kühlt man ihn dagegen rasch ab, so wird er hart, und zwar in dem Maße, daß man mit diesem rasch erkalteten, „abgelöschten" Stahl leicht den langsam abgekühlten, „ungelöschten" bearbeiten, feilen, bohren, ja schneiden kann. Mit der Härte des Stahles nimmt auch seine Sprödigkeit zu: der glasharte Stahl läßt sich zu Pulver zermahlen. Diese Sprödigkeit kann man dem Stahl dadurch nehmen, daß man ihn bis zu einer gewissen Temperatur erhitzt und dann langsam abkühlt, „adouciert". Bei diesem langsamen Erhitzen, dem „Anlassen", färbt sich die Oberfläche des Stahles in verschiedenen Tönen, den „Anlauffarben", nach deren Aufeinanderfolge man den Grad der Härte und Elastizität bestimmen kann, den man dem Stahl durch das Anlassen geben will. Diese Farben treten in folgender Skala auf: blaßgelb, strohgelb, braun, purpurrot, violett, hellblau, tiefblau, schwarzblau. Diese verschiedenen Farben sind von den Waffenschmieden zu künstlerischen Wirkungen an ihren Arbeiten oft verwendet worden. Auch die Menge des Kohlenstoffs ist natürlich von Einfluß auf die Farbe des Eisens: je mehr gebundenen Kohlenstoff es enthält, desto weißer, silbriger ist sein Glanz, je mehr ausgeschiedenen (Graphit), desto grauer, schwärzer wird es. Schmiedeeisen und Stahl zeigen ursprünglich kristallinisch glänzenden Bruch; durch Schmieden, Walzen und Schleifen wird das Gefüge sehnig, der Glanz matt, die Farbe meist heller. Der feine, graue Ton galt im 15. und 16. Jahrhundert als ein hochgeschätztes Kennzeichen der Mailänder Harnische. Die Herstellung von ornamentalen Zeichnungen auf dem angelassenen Grunde erfolgte in einer an die Technik der Radierkunst erinnernden Art: man schnitt mit dem Griffel in den Wachsgrund, mit dem man das zu dekorierende Stück bedeckte, die Zeichnung ein, und setzte dann die ganze Fläche einer ätzenden Flüssigkeit, etwa scharfem Essig, aus. Dieser ätzte an den unbedeckten

Stellen die Bläue der Oberfläche fort, so daß die Zeichnung, nach Entfernung des Wachsüberzuges, hell auf blauem oder sonstwie farbigem Grunde erschien. — Diese Verzierungsart ist weit weniger beständig als die Ätzmalerei, erscheint aber, da die Fläche selbst durch sie ja nicht angegriffen wird, besonders für Klingen organisch zweckmäßig. Wendete man dies Verfahren mit einer schärferen Flüssigkeit, z. B. Schwefelsäure, an, so hob sich, bei ungefärbtem Eisen, die Zeichnung dann als sog. Ätzmalerei mit vertieften, rauhen Linien von dem blanken Grunde ab. Die Zeichnung konnte aber auch vergoldet werden, was in der Regel durch die sog. Feuervergoldung geschah. Das Amalgam von zwei Teilen Gold und einem Teil Quecksilber wird mit einer Drahtbürste aufgetragen; bei Erhitzung des Gegenstandes (Abrauchen) verdampft das Quecksilber, und das Gold bleibt als fester Überzug auf der Fläche haften. Eine andere Art der Vergoldung ist die des Aufschlagens: die Aufrauhung des Grundes mit der Feile oder Punze genügt, um die in Form von dünnstem Goldblech oder Blattgold aufgetragene und mit dem Hammer breitgeschlagene Dekormasse festzuhalten.

Diese Technik leitet über zu der Tausia, der Verzierung von Eisenflächen mit Gold oder Silber auf kaltem Wege. Man unterscheidet hier zweierlei Verfahren: das ältere und edlere der sog. echten Tauschierung und das weniger kostspielige und mühsame der unechten. Schon Theophilus Presbyter, der Benediktinermönch Rogerus von Helmershausen in Westfalen um das Jahr 1100, widmet in seinem Handbuch der technischen Künste in dem Kapitel „Vom Eisen“ dieser Verzierungstechnik einen Abschnitt. Bei dem ersten Verfahren wird die Oberfläche des Gegenstandes mit einem Stahlstachel kreuzweis aufgerauht; das Silber oder Gold wird dann in kleinen Blättchen aufgelegt, aufgerieben und nach mehrmaliger Erhitzung sorgfältig poliert. Auf dieselbe Weise wird Gold- und Silberdraht in

Schnörkeln oder Kreisen mit einem Hammer aufgeschlagen. Während so die Tausia eine gewisse Reliefwirkung behält, kann sie sich bei dem zweiten Verfahren mit dem Eisen zu einer völlig glatten Oberfläche verbinden. In diesem Falle werden die Muster mit dem Stichel eingeschnitten, d. h. in flachen Rinnen eingraviert, die Ränder dieser feinen Gruben leicht unterschnitten und der Draht dann so eingeschlagen, daß er durch diese scharfen Ränder in der Masse festgehalten wird. Auch hier wird durch Nachglühen und Polieren die Verbindung erst völlig gemacht. Theophilus empfiehlt diese Technik besonders für das Anbringen von Inschriften, und in der Tat tragen schon im frühesten Mittelalter viele Klingen Namen oder Marke, oft in Messing- oder Kupferdraht, eingeschlagen. Auch sonst bleibt zur Verzierung von Schutz- und Trutzwaffen die Tauschierung, eine der ältesten bekannten Verzierungsarten, stets im Gebrauche.

Im Zusammenhang hiermit muß auch das Niello (lat. nigellum) unter den Ziertechniken der Waffe beschrieben werden. Die in Silber gravierte Zeichnung des Ornamentes wird mit einer Masse eingerieben, die aus Silber, Kupfer, Schwefel, dann auch Blei und Borax zusammengeschmolzen ist und eine schwarzgraue (nigellum) Färbung zeigt. Dies geschieht in der Weise, daß das in einer Salmiaklösung angemachte Pulver auf die gravierte Fläche aufgetragen, diese dann erhitzt wird, wodurch das Pulver sich fest mit dem Grunde verbindet; die erkaltete Platte wird dann abgerieben und poliert, so daß schließlich die Zeichnung dunkel auf dem hellen Grunde steht. Diese Verzierungsart, die wie die meisten der Metalltechniken aus dem Orient stammt, kam besonders in der Zeit der italienischen Renaissance neu in Aufnahme und findet sich an Blankwaffen des 16. Jahrhunderts, Schwertgriffen und -scheiden, während sie bei Schutzwaffen, die größere Flächen darbieten, kaum angewandt worden ist.

Für deren Dekoration erringt sich in der Zeit der Blüte des Prunkharnisches die Ätzmalerei fast unbeschränkte Geltung. Sie tritt in der Regel als Tiefätzung auf, und zwar in Verbindung mit der Malerei in Schwarzlot. Das Verfahren steht dem beim Kupferstich angewandten sehr nahe: die zu dekorierende Fläche wird mit einem Ätzgrunde überzogen, in der Regel einer Masse aus Wachs, Mastix, Kolophonium und Asphalt, und die Zeichnung wird in diese Schicht mit einem hölzernen oder beinernen Griffel eingeritzt. Das über die Zeichnung gegossene Ätzwasser, eine Mischung aus Scheidewasser, Essig und Alkohol, frißt die Zeichnung in die blanke Fläche ein, und nachdem der Ätzgrund mit Spiritus oder Terpentin abgewaschen worden ist, wird das mit Öl flüssig gemachte Schwarzlot aufgerieben, das sich bei Erhitzung des Stückes so fest mit den Ätzgruben verbindet, daß es auch bei erneuter Polierung der blanken Fläche nicht verschwindet. Neben der Schwarzätzung, und zwar oft in direkter Verbindung mit ihr, wird die vergoldete Ätzung angewandt: die Harmonie von grauem Eisen, goldnen und schwarzen Linien und Flächen ist von ungewöhnlichem, farbigem Reiz. — Auch das Email hat zu allen Zeiten unter den Dekorationsarten der Waffe eine wichtige Rolle gespielt. Außer dem Zellenemail, das wir im Mittelalter an Schwertknäufen und Schildbuckeln finden, kommt das halbdurchsichtige Maleremail in der Renaissance und später an Schwertknäufen und -griffen, auch in der Ausstattung ganzer Harnische vereinzelt vor. Es sei nur an den Prachtharnisch König Erichs XIV. von Schweden in der Kgl. Leibrüstkammer zu Stockholm erinnert, eine Arbeit Kunz Lochners von Nürnberg, der in reichen Arabesken graviert, vergoldet und mit kaltem Email verziert ist, und an sein Gegenstück in Wien, den in weiß, rot und schwarz emaillierten Harnisch von Niclas Cristof von Radzivil, Herzog von Olyka. Auch der getriebene und vergoldete Mailänder

Halbharnisch des Herzogs Carl Emanuel I. von Savoyen im Historischen Museum zu Dresden zeigt deutliche Spuren reicher Emaillierung; hier sind auch grüne und blaue Töne mit verwendet. An Degengriffen kommt gelegentlich opakes Email vor; Platten mit Maleremail finden auch mit zur Ausstattung von Gewehren, d. h. Prunkjagdbüchsen, Verwendung.

Die vornehmste und sachlich echteste, d. h. aus dem Wesen des Materiales in seiner technischen Veredelung hervorgegangene Dekorationsart ist die des Damastes oder der Damaszierung. Wenn auch die Herkunft der Damaszierungskunst aus dem Orient, speziell aus Indien, unbestritten ist, so hat die Technik doch mit der syrischen Hauptstadt nur den Namen gemein, der hier wie dort „bunt durchwunden", d. h. hier mit verschiedenen Mustern, dort mit Straßen, Gärten, Hügeln, bedeutet. Der eigentliche Damast ist ein gefleckter Gußstahl, genannt „Wooz" (indisch), der sich von den in Europa bekannten Stahlarten durch stärkeren Kohlenstoffgehalt unterscheidet, und seine Bildung beruht auf einer während des langsamen Erkaltens vor sich gehenden Kristallisation zweier verschiedener Verbindungen von Eisen und Kohlenstoff. Eine Klinge, die aus kohlenstoffgesättigtem Eisen und kohlenstoffübersättigtem Stahl besteht, wird, in eine schwache Säurelösung (Schwefelsäure oder Eisenvitriol) getaucht, deutliches Damastmuster zeigen, und dies wird um so großkörniger sein, d. h. die glänzenden, härteren Teile werden sich von den dunklen, weicheren um so deutlicher abheben, je langsamer die Erkaltung vor sich gegangen ist. Der russische Gelehrte Anossow hat in langjährigen Experimenten dann festgestellt, daß auch der künstliche Damast nicht etwa eine Verbindung von Eisen mit irgendeinem anderen Metall, etwa Gold, Silber, Platin oder dergleichen ist, wie man früher hier und da annahm, sondern eine Verbindung von Eisen mit Kohlenstoff, und daß die Art der

Musterung durch den Vorgang dieser Verbindung bedingt ist. Von den verschiedenen Verfahren, die Anossow selbst durchprobte, bevorzugte er schließlich die unmittelbare Verschmelzung von Eisen mit Graphit. Wenn man Stäbe von Eisen und Stahl aufeinanderschweißt, in verschiedenen Richtungen spaltet und neu zusammenschmiedet, wickelt, dreht, neu platthämmert und die Masse stets langsam abkühlen läßt, so erhält man einen Stahl, der die verschiedensten Muster, wie Streifen, Wellen, Tupfen, Netze, Stufen, Wirbel zeigt, Muster, die noch deutlicher werden, wenn man am Schlusse die Oberfläche mit einer Säure nachätzt, so daß die härteren Teile über die weicheren hervorragen.

Um eine Klassifikation der verschiedenen Damastarten haben sich viele Forscher bemüht, aber es ist noch nicht gelungen, den klassischen Taban der Inder, den Chorassan der Perser, den Scham, Hindi, Karataban, Lahori-Neiris und wie die natürlichen Damaste alle heißen, dazu die unübersehbaren Typen der von den Indern, Persern, Maleien schon im frühen Mittelalter gefertigten künstlichen, d. h. geschweißten Damaste in ein einigermaßen brauchbares System zu bringen. Im allgemeinen wird, abgesehen von dem Reichtum oder der Gefälligkeit des Musters, der Damast um so höher geschätzt, je dunkler er ist, je mehr seine Tönung sich dem Schwarz oder dunkelbraun nähert, weiterhin je goldigeren Glanz seine Oberfläche zeigt. So gilt der Damast der „Kirknerdeven“ = vierzig Stufen aufweisenden Klingen als der kostbarste, der geradlinige „Scham“ als der minderwertigste. Das berühmteste unter den zehn Schwertern Mohammeds, der Dsû-'l-fakâr, dessen Spitze gespalten ist, sein Lieblingsschwert, das der Prophet in der Schlacht von Bedr 623 erbeutete, heißt seinem Namen nach nicht „der Durchbohrer“, sondern „der mit Rückenwirbeln Versehene“, von dsu = habend und fakkar = Rückenwirbel, von dem Muster seines Damaststahles, dessen Struktur in der Folge seiner wirbelähnlich geformten Stufen an das Bild der menschlichen Wirbelsäule erinnert.

In der Tätigkeit des Waffenschmiedes sind Technik und Kunst verschwistert. Der Punkt ist kaum zu bestimmen, wo das Handwerkliche aufhört und das von künstlerischen Erwägungen Geleitete beginnt. Es wäre hier wie in anderen Gewerben der Anschauung unserer Vorfahren auch völlig fremd, den Unterschied zu suchen, den die neuere Entwicklung des Kunsthandwerkes erst hat hervortreten lassen. Wenn der Helmschmied des Mittelalters es unternahm, eine breite Eisenplatte in erhitztem Zustand so lange mit dem Hammer zu bearbeiten, d. h. zu treiben, bis sie sich der gewünschten Rundung fügte und schließlich die Form der Beckenhaube annahm, so konnte er sicher sein, daß das Werk seiner Hände derselben Achtung begegnete wie ein Erzeugnis des Malers, Holzschnitzers oder Bronzegießers. Dichtung und Sage verkünden laut, daß vollends die Trutzwaffen, voran das Schwert, geradezu königliche Schätzung genossen, wenn sie die Höhe reiner Vollkommenheit erreicht hatten. Der Klingenschmied hatte dabei noch die besonders schwierige Aufgabe vor sich, das aus weicherem Eisen geschmiedete Blatt des Schwertes mit der aus gehärtetem Stahl gefertigten Schneide so zu verschweißen, daß die fertige Klinge ein unlösbares Ganze bildete. Das Schleifen und Polieren einer solchen Waffe geschah in Schleifmühlen, die durch Wasserkraft getrieben wurden: hier wurde das Schwert „gefegt“, und die Zunft der Schwertfeger, denen wir die außerordentlich verschiedenartigen Formen des Hohlschliffs verdanken, hielt mit derselben Strenge auf Wahrung ihrer handwerklichen Geheimnisse und Regeln wie die Plattner und ihre Kollegen, die Meister des Sarwât oder Serk, des Sargewürkes, d. h. die Verfertiger des Panzerzeuges, Mußzeuges, Kettengeflechtes.

Wir wissen, daß die Technik des Panzergeflechtes aus

dem Orient stammt, wo schon in den ältesten Zeiten Inder, Ägypter und Assyrer sie übten, daß die Griechen und dann die Römer sie von jenen übernahmen. Wie die Darstellungen auf den Denkmälern der Kaiserzeit, besonders die Reliefs der Trajans- und der Marcussäule, und einzelne Funde zeigen, bestanden die Kettenpanzer der Legionäre aus genieteten und geschweißten Ringen: es war die lorica hamata, die sowohl unter wie über dem Lederkoller getragen wurde. Die Brünne des germanischen Kriegers bildete unter Karl dem Großen geradezu einen Ausfuhrartikel des fränkischen Reiches; jedenfalls war sie, wie zahlreiche Stellen des Beowulfliedes beweisen, schon im 6. Jahrhundert ganz allgemein im Gebrauch. Ihr Wert entsprach nach dem ripuarischen Gesetz dem Doppelten des Helmes oder des Schwertes und kam dem von sechs Ochsen oder zwei Hengsten gleich. Im Gegensatz zu der Technik der römischen Funde bestanden die germanischen Panzerhemden aus genieteten und gestanzten Ringen, was auf die Herkunft aus dem Osten Europas hindeutet. Denn während im Orient schon früh die gestanzten Ringe verwendet wurden, ist ihre Kenntnis im Okzident erst gegen Ende des 14. Jahrhunderts nachweisbar. Bei dem Jazeringeflecht wurden die genieteten Ringe dann an der Nietstelle wieder platt geschlagen, so daß sie in ihrer Zusammenfügung eine nahezu glatte Fläche bildeten, die dem Hieb den denkbarst elastischen Widerstand entgegenzusetzen vermochte. Eine Verzierung gestanzter Ringe durch Arabesken, Inschriften oder eine Markierung, wie durch die bekannte Marke der Rüstkammer Muhammeds II., ist ausschließlich Eigentum orientalischer Kunstfertigkeit.

Wie schon früher angedeutet, wurde der Helm oder der Harnischteil, der nach durchgeführter Bearbeitung durch die Instrumente des Plattners „hammerfertig“ aus der Werkstatt kam, in der Schleifmühle glatt geschliffen, um die natürlichen Rauhigkeiten der äußeren Fläche zu beseitigen. Aber erst wenn das Stück von dem Harnischwischer gewischt, d. h. poliert worden war, konnte es im praktischen wie ästhetischen Sinne als fertig gelten. Bevor es aber durch das Beschauzeichen der Zunft den Stempel seiner Tüchtigkeit erhielt, wurde es einer Probe unterworfen, die seine Widerstandsfähigkeit gegen die Einwirkung der Angriffswaffen erweisen sollte. Im Mittelalter geschah diese Probe in der Regel derart, daß das Stück dem Schuß eines Armbrustbolzens ausgesetzt wurde; daneben kommt auch der Versuch durch den Schwerthieb als Prüfung vor. Im 16. Jahrhundert trat dann an die Stelle des Bolzens die Kugel aus der Muskete oder Pistole (épreuve). Die Beschau wurde durch die Meister der Innung ausgeübt: ihre Marke besteht in der Regel aus einem einfachen bildlichen Symbol, das mit dem Wappen der Stadt in Beziehung steht, oder aus einem Initial. Dazu gesellt sich, etwa seit dem 14. Jahrhundert, die Meistermarke, das Werkstattzeichen, das für den Kenner die Signierung durch Namens- und Ortsangabe ersetzte. Als Schutz- und Reklamezeichen aufgefaßt, verloren beide Gattungen von Marken im Laufe der Zeit ihren ursprünglichen Wert dadurch, daß sie nachgeahmt, gefälscht wurden, allerdings oft mit einem solchen Mangel an Genauigkeit, daß eine Täuschung des Fachmannes heute in der Regel als ausgeschlossen gelten kann. So wurden insbesondere bei Blankwaffen die berühmten Marken der spanischen und italienischen Klingenschmiede von deutschen, Passauer und Solinger Meistern imitiert, während andererseits wieder Nachahmungen des bekannten Passauers Wolfes auf Erzeugnissen der Toledaner Werkstätten nachweisbar sind. Über die Bedingungen und Vorgänge der Markierung im einzelnen, über die Möglichkeit eines Schutzes der Marken und ähnliches haben wir keine völlig zuverlässigen Nachrichten. Es scheint glaubhaft, daß hervorragende, von führenden Meistern auf Bestellung gefertigte Einzelstücke oft der Marke, selbst des Beschauzeichens entbehren konnten, während Arbeiten von geringerem Werte, die wiederholt hergestellt wurden, zum wenigsten das Orts- und Werkstattzeichen trugen. Sonderbestimmungen, wie z. B. die von Nürnberg, wo nur gestählte Harnische gemacht werden durften, eiserne aber nicht, kreuzten sich vielfach mit den Wünschen fürstlicher Auftraggeber. So trägt ein nachweisbar von einem Augsburger erworbener und seinem künstlerischen Stil nach auch in dieser Stadt gearbeiteter Prunkharnisch im Historischen Museum zu Dresden, den Kurfürst Christian II. im Jahre 1602 kaufte, weder Beschauzeichen noch Marke, sondern nur, auf der Sohle des linken Schuhes im Ornament eingraviert, die Jahreszahl 1599. Es ergibt sich danach, daß die Kenntnis der Marken nur in bedingter Weise für die Frage der Herkunft und des Meisters bei der wissenschaftlichen Behandlung eines Werkes von Wert sein konnte. Ehe nicht ein einigermaßen vollständiges Verzeichnis der vorhandenen Waffenmarken, ähnlich dem für die Merkzeichen der Goldschmiede vorhandenen, geschaffen ist (wozu Vorarbeiten und Material allerdings schon in großen Mengen gesammelt wurden), muß vor einer Überschätzung des Wertes der Marken, zu der eine frühere Periode waffengeschichtlicher Forschung neigte, gewarnt werden.

Dies um so mehr, als bei der Herstellung künstlerisch reich ausgestatteter Waffen, vor allem ganzer Harnische, die Angehörigen mehrerer Gewerbe beteiligt waren. Neben die Arbeit des Plattners, der den Harnisch aus eisernen Platten schlug, trat die des Treibers, der die einzelnen Teile mit Hammer und Meißel nach den Vorlagen eines Künstlers durchbildete, im Relief behandelte und ziselierte, weiter die des Ätzmalers, der die Flächenmuster herstellte und vielleicht vergoldete, des Goldschmiedes, der mit Tausia oder Email den Schmuck des Stückes vollendete. Diese verschiedenen Stufen der technischen und künstlerischen

Durchbildung können in der Tätigkeit eines einzigen Meisters vereinigt sein; andrerseits ist hier eine genaue Abgrenzung, wie stark der Anteil des einzelnen Berufsvertreters an dem Werke ist, nur in seltenen Fällen möglich. Die Trennung ist die Regel, soweit es sich um Plattner- und Ätzerarbeit handelt: wir wissen, daß verschiedentlich die Harnische, wie sie aus der Hand des Plattners und Treibers kamen, dem Ätzer, der vielleicht gar nicht an demselben Orte mit jenen lebte, überlassen wurden. Dieser bediente sich der Entwürfe, die als Stiche oder Holzschnitte von einer Werkstatt zur andern gelangten. Meister wie Burgkmair, Dürer, Holbein haben Entwürfe zur Ausschmückung von Waffen geliefert. Oder er schuf, angeregt durch bekannte Musterblätter und im Anschluß an die von dem Zeitgeschmack bevorzugte Dekorationsweise, einen eigenen Entwurf. Künstlerische Persönlichkeiten wie Giorgio Ghisi, gen. Mantuano, der als Maler, Zeichner, Treibarbeiter, Tausiator, Ziseleur und Kupferstecher nachweisbar Hervorragendes geschaffen hat, sind immerhin Seltenheiten. Da nun auch die Ätzmaler sich das Recht nahmen, ihre Marke auf dem von ihnen geschmückten Stück anzubringen, und zwar oft an auffallender Stelle, so ist es kein Wunder, daß über die Beschreibung eines dergestalt mehrfach markierten Stückes oft Irrtümer entstanden sind. Da an dieser Stelle nicht die Möglichkeit gegeben ist, das Problem des Markenstudiums auch nur in seinen äußeren Umrissen darzulegen, so kann im Anschluß an die gegebenen Andeutungen nur die Hoffnung ausgesprochen werden, es möge der Wissenschaft bald gelingen, diesem in ihr Gebiet überall tief eingreifenden Komplex von Fragen bald die Grundlagen einer quellengeschichtlich sicheren und das vorhandene reiche Material nach allen Seiten erschöpfenden Untersuchung zu geben.

Den Schauplatz, auf dem sich zum ersten Male die einzelne künstlerische Persönlichkeit aus der Reihe der handwerklich tätigen Meister herauslöst, wo die Anonymität des Waffenverfertigers verschwindet und der Stolz an dem eigenen Werke in Inschriften und Marken Ausdruck findet, wo auch in den Berichten der Geschichtschreiber hier und da dem Schaffen eines hervorragenden Vertreters des Waffengewerbes Erwähnung geschenkt wird, diesen Schauplatz liefert, wie für die Befreiung der Individualität auf allen anderen Gebieten geistiger Tätigkeit, Italien. War in Oberitalien Brescia schon seit dem Mittelalter als Sitz der Klingenerzeugung bekannt, galt Mailand als Hauptstätte des Plattnergewerbes, besaßen die Städte Belluno und Seravalle im Friaul alten Ruhm durch ihre Fabriken von Blank -und Stangenwaffen, so fand die Prunkwaffe in Florenz seit dem Beginn der Renaissance eifrige Pflege. Die Blüte des Kunstlebens, dessen Aufschwung sich an den Namen der Medici knüpft, die besondere, durch hervorragende Meister vertretene Entwicklung der Plastik und die individuelle Art des dekorativen Empfindens waren auf die Ausgestaltung der Waffe nach der Seite des Künstlerischen von größtem Einfluß. In den Werken eines Gasparo Mola, eines Pifanio Tacito, Pirro Sirrico verbindet sich die hohe Kunst der figürlichen Komposition, wie sie durch Raffael, seine Schule und die von ihm abhängigen Stecher in Italien zum ästhetischen Kodex geworden war, mit dem ornamentalen Geschmack, wie er durch die Schöpfungen der Architekten und Raumkünstler der Hochrenaissance geht. Aber Florenz wurde, was den Ruhm des italienischen Waffengewerbes anlangt, weit in den Schatten gestellt von Mailand. Hier waren schon im Mittelalter ausgezeichnete Meister tätig gewesen: der Stammvater des berühmten Geschlechtes der Nigroli, die nach dem Geburtsort des alten Tomaso sich da Missaglia nannten, kam schon im 14. Jahrhundert aus den Alpentälern der Brianza in die Sforzastadt. Das mit Kreuz und Krone mannigfach verbundene M, die Marke der Missaglia, taucht an Arbeiten des Tomaso zuerst auf. In der Zeit Karls V. waren die Brüder Filippo, Giacomo und Francesco Nigroli, die jetzt die alte Herkunftsbezeichnung Missaglia nicht mehr in ihrem Namen führten, die berühmtesten Plattner Italiens. Alle Fürsten ihres Landes gehörten zu ihren Auftraggebern, und in ihren zahlreichen Prunkharnischen zeigt sich das an der Antike geschulte Stilgefühl und die unvergleichliche technische Fertigkeit dieser Künstler in vollstem Lichte. Noch reicheres dekoratives Leben verraten die Werke Giov. Battista Serabaglios, der für den Erzherzog Ferdinand von Tirol, den leidenschaftlichen Sammler kostbarer Arbeiten der Kunst und Technik, hervorragend tätig war, und in der Familie der Piccinino finden wir nicht nur einen Klingenschmied von Weltruf, Antonio, sondern auch in Lucio einen Meister, der mit einem hochentwickelten, durch die Vorbilder der römischen Stecher genährten Formengefühl schon die Linie des Dekorativen zum Barock hinüberleitet. Auch die Figini, Bartolomeo Campi, Pompeo della Chiesa, dann die Cantoni u. a. halfen, den Ruhm der Stadt zu erhalten und zu vermehren. Von den Meistern der späteren Zeit sei hier nur die Familie der Cominazzi in Brescia genannt: sie fertigten die geschätztesten Pistolenläufe, und die Kunst des Eisenschnittes ist an ihren zahlreichen Werken in der geschmackvollsten und edelsten Form sichtbar.

Spanien ist von altersher das Land der Schwertklingen: die Eisenschätze des Bodens, die technische Geschicklichkeit der maurischen Eroberer waren die Grundpfeiler des Ruhmes, den die spanischen Schwertfeger besonders im 16. Jahrhundert errangen: die Sahagun, Martinez, Ruiz, Hernandez, ein Juan de la Horta, Tomas Ayala, Ortuño de Aguirre, deren Marken die herrlichsten Klingen zierten, die je von italienischen und deutschen Meistern gefaßt worden sind. Das T der Toledaner Beschau verbürgte auf der ganzen Welt eine Waffe, die an Widerstandsfähigkeit und

Eleganz den Bedürfnissen der ausdrucksvollsten Krieger genügte.

Von Frankreichs Waffenerzeugung enthalten die deutschen Sammlungen nur wenig Beispiele, die sich im wesentlichen auf Arbeiten von Laufschmieden des 17. und 18. Jahrhunderts beschränken. Dem ritterlichen Sinne der Valois dienten zwar schon im ausgehenden Mittelalter eine Anzahl einheimischer Meister, wie Thomassin Baigneux, Jacques Merville u. a., aber ohne die Hilfe und die Erwerbungen von italienischen Plattnern wären die Rüstkammern in Amboise, Chantilly und Paris kaum würdig auszustatten gewesen. Unter Karl VI. kamen mehrere hervorragende Mailänder Waffenkünstler nach Lyon und gründeten dort Werkstätten, die über ein Jahrhundert lang eine hochangesehene Stellung innehatten. Franz I. war auch ein guter Kunde deutscher Meister, und wie er sich bemühte, Tiroler und Augsburger Plattnern in seinem Lande eine neue Heimat zu schaffen, so begünstigte er auch die Zuwanderung französischer Arbeiter in fremde Werkstätten. Von den Laufschmieden und Büchsenmachern, die in der Zeit Ludwigs XIV. und XV. die graziösen Formen des Spätbarock und des Rokoko mit ausgezeichnetem Stilgefühl zur Dekoration von Prunkjagdwaffen verwendeten, seien Bertrand Piraube, Turaine d. ä. und d. j., die beiden Languedoc, Mazelier, Adrien Reynier le Hollandais und Philipp Cordier d'Aubigny genannt.

Wenn die Kunst der Waffenschmiede in den Niederlanden nicht zu der Selbständigkeit heranwachsen konnte wie in anderen europäischen Staaten, so findet sich ein Grund dafür weniger in einer geringeren kriegerischen Tätigkeit als in der Tatsache, daß hier andere kunsthandwerkliche Produktionsgebiete, wie die Textilkunst, dem schaffenden Kunstgeist des Volkes näher standen. Im Mittelalter abhängig von der kulturellen Entwicklung in Nieder- und Westdeutschland, fanden die Niederlande erst seit dem glanzvollen Aufstreben des burgundischen Reiches stärkeren Anlaß, die Waffe in den Kreis ihrer künstlerischen Interessen zu ziehen. Von einigen berühmten Meistern, die am Hofe Philipps des Guten und Karls des Kühnen tätig waren, sind uns zwar die Namen, aber wenig beglaubigte Werke erhalten. In der Zeit der niederländischen Befreiungskriege nahm die Herstellung von Waffen unter dem Gesichtspunkte technischen Fortschritts einen leichtverständlichen Aufschwung: das niederländische Schnapphahnschloß ist eine der bekanntesten Früchte dieser vaterländischen Industriebewegung. Die bedeutende Rolle, die Lüttich auf dem Gebiete der Gewehrfabrikation seit dem Beginn der neuen Zeit gespielt hat, ist ihm auch noch in der jüngsten Gegenwart verblieben.

Von der Plattnerkunst Englands haben wir neuerdings besonders durch Foulkes' Forschungen genug erfahren, um sagen zu können: das Inselreich hat auch auf diesem Felde so viel selbständige Leistungen zu verzeichnen, daß es von nun der wachsenden Beachtung der Wissenschaft sicher sein kann. Schon unter Eduard II. (1322) finden wir die Gilde der Waffenschmiede in London, und im 15. und 16. Jahrhundert erstarkte ihr Gewerbe durch die zahlreichen Aufträge, die ihr durch den Aufschwung des Turnierwesens am Hofe des Königs selbst und in den Schlössern des Adels im Lande wurden. Wenn unter den hundert Meistern der Waffenschmiedekunst in Boeheims bekanntem Buche sich auch noch kein einziger Engländer befindet, so kann der genannte Historiker der englischen Waffengeschichte schon eine Reihe von deren 84 zusammenstellen; allerdings sind viele davon nur durch ihre Werke und gelegentliche Erwähnung in einer Quelle, nicht aber nach ihren Lebensumständen bekannt.

Aus dem Dunkel, das die Waffengeschichte Deutschlands im Mittelalter umhüllt, soweit es sich um die Frage nach den schöpferischen Individualitäten handelt, ragen die

Städte Passau, Regensburg und Solingen in ehrwürdigem Glanze heraus. Passau, dessen Industrie von eingewanderten steirischen und österreichischen Eisenschmieden gegründet worden ist, gewann durch seine mit dem Bischofsstab und dann mit dem Wolf gemarkten Klingen europäische Berühmtheit, und auch Solingens Klingen beherrschten besonders im 16. und 17. Jahrhundert den Weltmarkt in ebenbürtiger Konkurrenz mit denen der Toledaner Werkstätten. Daneben bildete für Mitteldeutschland das alte thüringische Städtchen Suhl den Mittelpunkt der Produktion. Zwischen den Alpen und dem Main wahrten sich Nürnberg und Augsburg, wie auf nahezu allen Gebieten kunsthandwerklichen Könnens, auch für das Waffenschmiedewesen den ersten Platz. An der Pegnitz bildete sich um die ragende Gestalt Albrecht Dürers, von dessen Anteil an Waffen und Waffengestaltung eine ganze Reihe seiner gezeichneten und gestochenen Blätter Zeugnis ablegen, ein Kreis von Plattnern, die, jeder in seiner Art, wohl mit das Vollkommenste zu schaffen imstande waren, was die Geschichte der Schutzbewaffnung überhaupt kennt. An Hans Grünewalt, der noch die gotische Zeit verkörpert, schließen sich die beiden Wilhelm von Worms an. Der jüngere von ihnen, in kaiserlichem Dienste tätig, hat eine Reihe kostbarer Harnische und Harnischgarnituren geschaffen: ich nenne nur die großartige Garnitur „mit den Rosenblättern“ König Ferdinands I. in Wien, die durch den geschmackvollen Reichtum ihrer Ätzdekoration für zahlreiche verwandte Schöpfungen vorbildlich geworden sind. Neben und mit ihm arbeitete Valentin Siebenbürger. In den zahlreichen, konstruktiv und künstlerisch gleich vollendeten ritterlichen Harnischen Konrad Lochners erreichte die Kunst der Nürnberger Schule ihren Höhepunkt.

Diesen anerkannten, vom Kaiser und von den Fürsten des Reiches hochgeschätzten Meistern gegenüber standen in Augsburg vor allem die Colman, auch Helmschmied genannt, Lorenz, der für Kaiser Max die vornehmsten gotischen Harnische schlug, Koloman, der auch schon für italienische Fürstenhöfe, wie für die Gonzaga in Mantua, arbeitet, und schließlich der phantasievolle Desiderius, dessen glänzende, von unerschöpflicher Erfindungskraft strotzenden Werke zu den gefeiertsten Prachtstücken der Armeria in Madrid gehört. Die beiden Matthäus Frauenpreis, der ungemein fruchtbare Anton Peffenhauser und Jörg Sigman sind weiter an der Durchbildung des Typus des Augsburger Prunkharnisches beteiligt. Eine andere blühende Werkstatt befand sich in Landshut, wo Franz Großschedel ansässig war. Im engsten Zusammenhang mit den waffenfreundlichen Plänen der Habsburger standen natürlich die Innsbrucker Meister: Hans und Konrad Seusenhofer, ursprünglich eine Augsburger Familie, sowie ihr berühmterer Nachfolger Georg (Jörg) Seusenhofer, ebenso die Familie der Treytz statteten hier die Rüstkammern Karls, Ferdinands und Philipps aus, und Jakob Topf verpflanzte als Plattner Heinrichs VIII. die Kunst und den Ruhm der kaiserlichen Plattnerwerkstätten nach England.

Auch in Mitteldeutschland, wo am Hofe der sächsischen Kurfürsten das Turnier und jede andere Form des Waffenhandwerkes in hohem Ansehen stand, finden wir Meister von Rang. Zu Wittenberg, wo Kurfürst Friedrich der Weise, der hochsinnige Förderer aller Künste, Hof hielt, war die vielbeschäftigte Werkstatt von Siegmund Rockenberger, in Dresden treffen wir unter den Hofplattnern Hans Rosenberger, in Annaberg die Familie der Speier, Peter, Hans und Wolf, die in allergrößtem Maße die Rüstkammer Kurfürst Augusts und seiner zahlreichen Freunde mit ihren Arbeiten versorgen. Noch im 17. Jahrhundert war die Plattnerkunst in der sächsischen Residenz nicht verfallen, wie die Arbeiten von Hieronymus Ringler, Jacob Jöringk und Christian Müller in Dresden beweisen.

Kapitel III

Konservierung und Aufstellung

A. Konservierung

Nächst den Textilstoffen stellt das Eisen in seiner technisch durchgebildeten Form dasjenige anorganische Material dar, welches den Einflüssen der Atmosphäre die geringste Widerstandskraft entgegenzusetzen vermag. Es muß das Bestreben jedes Besitzers alter Waffen sein, diesen den Zustand zu verleihen, den sie zur Zeit ihrer Entstehung oder ihres ordnungsmäßigen Gebrauches gehabt haben, zum mindesten aber sie so zu erhalten, daß die im Laufe der Zeit an ihnen entstandenen Veränderungen sich nicht vermehren. Der Träger einer Waffe war nur dann imstande, mit ihr im Kampfe zu Schutz und Trutz zu bestehen, wenn er sie rein und fest, d. h. blank erhielt. Eine rostige Waffe würde weder ihrer praktischen Aufgabe noch der Würde des Kriegers entsprochen haben. Dies gilt ebenso für Blankwaffen, Schwerter, Dolche und Helmbarten, wie für den Harnisch und seine Teile. Es heißt darum falsche Pietät üben, wenn man den Rost der Waffe schont, um ihr das Gepräge des hohen Alters zu belassen. Eisenrost ist nicht Edelrost wie die Patina alter Bronzen, sondern eine Krankheit, die weiterfrißt und den von ihr ergriffenen Gegenstand bis auf den letzten Rest vernichtet, wenn man nicht rechtzeitig Maßnahmen gegen sie ergreift. Die Aufgabe des Rüstmeisters, Waffenknechtes oder Zeugwartes war es, die ihm anvertrauten Waffen, die oft beträchtliche materielle Werte darstellten, so zu putzen, daß sie sich jederzeit gebrauchsfertig und in der vollen ungetrübten Schönheit ihrer etwa vorhandenen kunstvollen Verzierung und Ausstattung darboten. Die Kunst, einen Harnisch zu „wischen", d. h. dergestalt zu putzen, daß die durch den Gebrauch der Feile oder des Schmirgels entstandenen feinen Striche in ein und derselben Richtung liefen, so daß ein gleichmäßiger matter Glanz entstand, war nicht leicht und wurde hoch geschätzt. Sie sich anzueignen muß auch heute die erste Pflicht jedes wirklichen Waffenfreundes sein.

Jedoch macht meist der Zustand, in dem viele Waffen sich befinden, wenn sie in die Hand des Liebhabers gelangen, im Anfang den Gebrauch stärkerer Konservierungsmittel nötig. Bei Ausgrabungen, denen oft eine dicke, durch den Rost zusammengebackene Erdschicht anhaftet, empfiehlt sich das Verfahren des Abbrennens. Dies geschieht folgendermaßen: Man faßt das Stück mit einer Zange und läßt es in offenem Feuer gut durchglühen. Bei gehärteten Waffen, z. B. gewissen Klingen, ist hierbei Vorsicht nötig, denn bei zu starker Glut leidet die Härte. Nach völliger Abkühlung der Waffe ist der Rost so weich und mehlig geworden, daß er sich mit der Drahtbürste leicht entfernen läßt. Um aber auch den in den Gruben und Vertiefungen sitzenden Rost noch zu beseitigen, bestreiche man die Waffe mit Baumöl und brenne sie über offenem Feuer gleichmäßig ab. Dann bürste man mit einer Mischung von Baumöl und Schmirgel, die mit einer Borstenbürste aufgetragen wird, sorgfältig nach und wische schließlich das Stück mit einem wollenen Tuche blank. Bei Hieb- und Stichwaffen oder anderen Waffen, die ihre Federkraft erhalten sollen, ist es ratsam, das Stück nicht sofort abzubrennen. Man wärme es vielmehr erst handwarm an und lege es in ein Bad von verdünnter Schwefelsäure (9 Teile Wasser auf 1 Teil Säure, bei stark verrosteten Stücken bis 3 Teile Säure), wo es einige Stunden ruhen kann. Der dadurch erweichte Rost wird in reinem Wasser abgespült, das Stück gut getrocknet und mit einer scharfen Bürste abgebürstet. Dann erst schreitet man zum Abbrennen.

Ausgegrabene Waffen kann man auch in einem reinen Wasserbad so lange liegen lassen, bis sich der Rost und damit die etwa sonst daran haftende Erd- oder Tonschicht hebt. Hierbei muß der Gegenstand auf zwei Holz- oder Metallbrücken möglichst frei in dem Gefäß liegen oder an Drähten aufgehängt sein. Das Wasser muß, sobald sich seine Oberfläche mit schwimmendem Rost bedeckt, erneuert werden, und zwar so oft, bis es keine Trübungen mehr zeigt. Ein kleiner Zusatz von Alkohol in das Wasser tut oft gute Dienste. Dies Verfahren ist zwar langwierig — es kann manchmal Wochen in Anspruch nehmen — bietet aber bei empfindlichen und sehr angegriffenen Stücken für größte Schonung des Vorhandenen Gewähr. Der in den Rostgruben, nach gewissenhaftem Abtrocknen, etwa noch sitzende Rost wird mit der Schmirgelbürste entfernt. Bei sehr tiefen Rostgruben kann auch der Apparat, den die Zahnärzte zum Ausbohren und Polieren der Zähne benutzen, nützlich sein. Man benutze aber nicht einen Metallstift, sondern eine Spitze, Kuppe oder Rädchen von Kautschuk oder Hartpapier.

Zur Reinigung von verrosteten Schießwaffen oder Garniturteilen nehme man feingeriebenen Schmirgel, vermische ihn mit Baumöl und trage diese Mischung mit einem Hölzchen auf das Metall auf. Ein flaches, feilenartiges Stück Nußbaumholz dient dann zum Verreiben; sobald die Rostflecke schwächer werden, trage man reines Baumöl nach, um den Schliff feiner zu machen. Vorher kann man das Gröbste der Flecken mit einer Eisenfeile entfernen, doch so, daß man diese stets in derselben Richtung führt. Auch das Abreiben mit einem Tuch, das nach Beendigung des Feilens und Schleifens erfolgt, geschehe in der Richtung des Putzstriches. Die Schmirgelrückstände sind besonders aus den Vertiefungen der Gewinde genau zu entfernen, damit durch sie beim Gebrauch der Waffe später kein Abschleifen der Achsen, Gewinde oder Flächen vorkommen kann. — Sehr verschmutzte oder verharzte (verschmandete) Gewehrschlösser legt man vorher in Salmiak oder Benzin, unter Umständen auch in Petroleum.

Die Reinigung von verrosteten Panzerhemden geschieht in folgender Weise: Der äußere Schmutz wird durch Salmiakgeist gelockert, der Rost mit der Drahtbürste übergangen, das Stück dann abgebrannt. Das Abbrennen geschieht derart, daß das Kettengeflecht bis zum Blauanlaufen erhitzt, mit Öl oder Talg bestrichen und weiter erhitzt wird, bis die Ölschicht abgeraucht ist. Das Metall muß nach dem Abbrennen nahezu schwarz aussehen; graues Aussehen ist das Zeichen einer zu starken Erhitzung. Stellt sich nach dem Abbrennen heraus, daß das Öl nicht überall eingedrungen ist, so müssen die Maschen gebürstet und hierauf das Erhitzen und Abbrennen nochmals vorgenommen werden. Ist der Rost auf diese Weise abgetötet, geht man an die Wiederherstellung der ursprünglichen Farbe. Soll das Stück blank erscheinen, so genügt ein Abbürsten mit Öl und Schmirgel. Soll es schwarzblau werden, muß es von Öl gesäubert und dann so stark erhitzt werden, bis die Ringe blau anlaufen. Das Reinigen mit heißem Sand, wie es früher in den Harnischkammern geschah, oder das Auskochen des Geflechts mit Sodalauge ist deswegen nicht anzuraten, weil bei beiden Verfahren der Zeitpunkt unmöglich genau zu bestimmen ist, in dem die gesunden Teile selbst mit angegriffen werden. Sicherer ist ein anderes Verfahren, das aber nur bei kräftigen Stücken anzuwenden ist: Das Panzerhemd wird in ein Faß gesteckt, welches mit einer Mischung von Pferdemist und Hammerschlag gefüllt ist und dauernd gleichmäßig gedreht wird. Das Panzerhemd wird dann gründlich ausgebürstet oder ausgekocht und in weichen Sägespänen getrocknet. Befinden sich an dem Stück Eisenplatten, so müssen diese bei allen diesen Verfahren vorher abgenietet werden.

Werden die nach den beschriebenen Methoden gereinigten Waffen in trockenen und staubfreien Räumen untergebracht, so können sie ohne jeden weiteren Überzug von Öl, Petroleum oder Vaselin bleiben. Plötzlicher Temperaturwechsel oder feuchte Luft, wie sie beim Öffnen der Fenster eindringen oder beim Scheuern des Fußbodens entstehen kann, ist von der größten Gefahr; ebenso ist das Anfassen der Waffe mit der bloßen Hand oder mit einem nicht absolut trockenen Tuch durchaus zu vermeiden. Entstehen bei Nachlässigkeit in dieser Richtung frische Rostflecken, so kann man diese mit säurefreiem Baumöl oder Olivenöl betupfen, dies einige Zeit darauf stehen lassen und dann mit Lappen oder ganz weichen Bürsten abreiben. Sollte das nicht genügend helfen, so kann man auch das Verfahren mit Schmirgel versuchen. Dazu wird der Schmirgel trocken fein verrieben und dann in einen Leinwandbeutel gebracht. Dieser Beutel wird so lange aufgestaucht, bis der feinste Schmirgel durch die Poren des Gewebes ausgestaubt ist. Der zurückbleibende gröbere Rest wird wieder verrieben und dasselbe Verfahren wiederholt. Nur so ist es möglich, ein Putzmittel zu gewinnen, das keine Kratzer erzeugt. Dieser Schmirgelpuder wird mit Baumöl vermischt und mit einem Nußbaumstäbchen in kreisrunder Bewegung auf der Roststelle verrieben; erst wenn der Rost weicht, wird das Verreiben in der Richtung des Eisenstriches fortgesetzt.

Die Behandlung von Eisen mit Zapon darf nur nach gründlichster Säuberung und Trocknung des betreffenden Gegenstandes geschehen; das Zapon muß dann bei einer Temperatur von 80° C trocknen. Das Auftragen des Zapons mit dem Pinsel muß äußerst sorgfältig und gleichmäßig erfolgen, da man sonst leicht später die zaponierten Stellen bemerkt, die sich durch einen leichten gelblichen

Ton von der kühlen grausilbernen Farbe des reinen, blanken Eisens unterscheiden.

Von organischen Stoffen, die als Teile von Waffen vorkommen, sind vor allem Leder und Holz zu nennen. Leder wird, wenn rauh und brüchig geworden, durch Einreiben mit leicht erwärmtem Liebreichschen Lanolin wieder geschmeidig gemacht. An dieser Stelle sei darauf hingewiesen, daß die Belederung der Schutzwaffen im Mittelalter wie in der Zeit bis zum 18. Jahrhundert ausschließlich mit sämisch-garem Leder geschah. Weißgares Leder, d. h. meist Schaf- oder Ziegenleder, wird fast nur bei den feineren Geschüben, so bei Handschuhen, Achseln u. dgl. angewandt, lohgares Leder ist durchweg neueren Ursprungs und muß, weil es in der Regel spröde und wellig geworden ist und somit ein glattes Aufeinanderliegen der Folgen und damit einen ordentlichen Sitz des Harnisches verhindert, durch sämisch-gares Leder ersetzt werden. Dazu eignen sich Reh- oder Hirschhäute, für stärkere Riemen Renntierhäute am besten. Die mühsame Arbeit des Abnietens und des neuen Aufnietens wird durch das elegantere und ruhigere Aussehen eines so konservierten Harnisches reich belohnt. Holzteile an Waffen (Gehilze, Schäftungen) sind dem Untergang vor allem durch die Trockenfäule und durch den Holzwurm ausgesetzt. Das erstere Übel bekämpft man dadurch, daß man das Holz mit einer konservierenden Flüssigkeit tränkt (verdünntes Leimwasser, Glyzerin, Mischung von Rüböl, Wachs, Fichtenharz und Benzol, gesättigte Alaunlösung). Den Holzwurm vernichtet man durch Petroleum, das man in die Löcher eintropft oder in welchem man den Gegenstand badet, durch eine wässerige Lösung von arsenigsaurem Kalium, durch Sublimat oder Benzin. Auch Schwefelkohlenstoff ist zur Vernichtung tierischer Schädlinge in Holz und Leder mit Erfolg angewandt worden. — Bein und Elfenbein kann man im Sonnenlicht neu bleichen, auch mit einer nicht scharfen

Seife oder mit Benzin reinigen. Eine Tränkung mit erwärmter Hausenblase- oder Leimlösung verhindert die Bildung von Rissen und das Abblättern.

Die Reinigung von Textilien, Stoffen, Stickereien, Fahnen geschieht am besten auf trockenem Wege. Weiß- oder Kleienbrot wird zu kleinen Ballen geformt, welche an den Stoff angedrückt oder auf ihm vorsichtig verrieben werden. Auch bei Anwendung von reinem Alkohol oder Benzin zur Vertilgung von Flecken ist größte Vorsicht am Platze. Rostflecken können mit einer warm aufgetragenen Mischung von 1 Teil Salzsäure auf 4 Teile Wasser entfernt werden, falls der Stoff selbst noch einigermaßen haltbar ist. Bei gereinigten Stickereien sind die losen Fäden, insbesondere Gold- und Silberfäden, mit entsprechend gefärbter Seide oder Metallfaden wieder anzunähen.

Aufgeklebte Fahnenteile löst man in lauem Wasser ab oder dadurch, daß man sie mit dem Untergrund auf Schnee oder feuchten Rasen legt, wonach sie mit weichen feuchten Seidenballen ohne Reibung abgetupft werden. Die Konservierung erfolgt durch Aufnähen auf Seidentüll. Auf ein Stück feinsten Brüsseler Schleiertüll in der Größe und möglichst im Tone des Fahnenblattes, das in einen Stickrahmen eingespannt ist, wird das Blatt gelegt, und die Stücke werden so zusammengeordnet, wie sie ursprünglich gelegen haben mögen. Man glättet und plättet sie sorgsam aus und legt eine zweite Tüllschicht darüber. Die drei Schichten werden dann in parallel geführten Linien mit Seide durchstickt; die kleinen Knoten müssen dabei vollständig verarbeitet werden und dürfen für das Auge nicht hervortreten. Je mehr Farben auf dem Fahnenblatt sind, um so mehr Tönungen des Tülls sind nötig: diese weitere Schicht liegt dann, der Zeichnung entsprechend ausgeschnitten, über dem Blatt, unter der oberen Tülldecke. Auf diese Weise braucht der alte Stoff sich nicht selbst zu tragen und kann nicht abbröckeln. Bedingung ist natürlich, daß die Fahne nicht in Falten gerafft, sondern glatt horizontal aufgehängt wird. Man kann das Fahnenblatt vor der Konservierung mit einer Formalinlösung desinfizieren. In Schränken aufbewahrte Textilien schützt man dadurch vor Motten, daß man ein mit Nelkenöl getränktes Stück Stoff an ihnen anbringt.

B. Aufstellung

Die Fragen der Erhaltung einer Waffensammlung sind aufs engste mit denen ihrer Aufstellung verknüpft. Für diese besondere Regeln anzugeben, ist nicht nur deswegen unmöglich, weil hier nahezu alles von dem Maße intellektueller und vor allem materieller Mittel abhängt, über die der Besitzer der Sammlung verfügt, es ist auch vom Standpunkte einer höheren Kultur des Sammelns nicht geboten. Denn eine Sammlung soll die individuellen Züge ihres Gründers und Herrn ebenso deutlich widerspiegeln wie man das von dem Rahmen seines Daseins, von seinem Heim, samt allen seinen Zutaten, wie Bibliothek, Wandschmuck, Gartengestaltung u. a. heute mit Recht fordert. Es gibt keine Typen von Sammlungen, sondern nur Persönlichkeiten. Wohl aber gibt es typische Fehler, die, von der Tradition geheiligt, heute noch an vielen Stellen dort zu finden sind, wo die historische Kenntnis und der kulturgeschichtlich geschulte Geschmack nicht mit den äußeren Mitteln Hand in Hand gehen.

Zu diesen ehrwürdigen Urverstößen gehört, um ein stets besonders in die Augen fallendes Beispiel voranzustellen, die Verbindung von Schutz- und Trutzwaffen zu einem figürlichen Tableau. Nur in großen Museen, wo das Eigentum einer hervorragenden geschichtlichen Persönlichkeit an einem Harnisch und etwa einem Schwert quellensicher erwiesen ist, wo auch der gleichzeitige Gebrauch dieser Stücke zum mindesten nicht als ins Reich der Unmöglichkeit gehörend aufgenommen werden kann, wo es ferner darauf ankommt, das große Publikum durch starke Bildeindrücke energisch zu fesseln, ist eine Ausnahme von dieser Regel gestattet. Wie ein Harnisch aufgestellt werden muß, wird jeder wissen, der sich über den Zweck der einzelnen Teile eines derartigen Plattenorganismus klar ist. Gehört ein Helm nicht nachweisbar zum Harnisch, stelle man ihn lieber gesondert auf, auch wenn er eine typische Verwandtschaft zeigt, und schließe die Öffnung der Halsberge durch ein leicht gefaltetes Stück Stoff. Man mache sich, auch bei beschränkten räumlichen Verhältnissen, zum Grundsatz, eine Waffe möglichst so zu zeigen, wie sie von ihrem Besitzer bei nichtkriegerischem Gebrauch getragen worden ist — nächstdem, wenn dies praktisch nicht einzuhalten ist, so, daß ihre technisch und künstlerisch wichtigsten Teile dem Auge möglichst nahe gebracht werden. Blankwaffen, also Schwerter, Degen, Dolche, müssen in senkrechter Haltung gezeigt werden, wodurch das Ausmaß des einzelnen Stückes, das Verhältnis vom Griff oder Gefäß zur Klinge am klarsten zur Anschauung kommt, besonders aber auch das Verhältnis zum Körper des Menschen und damit seine Gebrauchsfähigkeit ersichtlich wird. Nur künstlerisch besonders reich ausgestattete Stücke, bei denen etwa auch die Klinge besonders verziert ist, kann man wagrecht aufstellen. Dasselbe gilt von Stangenwaffen, bei denen für die Bildung der Klinge stets die Betrachtung von unten nach oben, d. h. vom Schaft zur Spitze maßgebend gewesen ist. Hier ist indessen, um die dadurch entstehende große Entfernung des wichtigsten Teiles vom Beschauer etwas zu verringern, eine Neigung des Schaftes bis zum Winkel von etwa 45° erlaubt, wie sie etwa beim Tragen der Helmbarte oder Partisane auf der Schulter entsteht, und auch einem Sichkreuzen der Schäfte wird man aus Gründen der Raumökonomie nichts entgegenstellen können. Bei kleineren Schlagwaffen, deren Tragart nicht einheitlich war, empfiehlt es sich vielleicht, die Aufstellung im Sinne der mechanischen Ruhelage zu halten, d. h. so, daß der schwerste Teil der Waffe, falls sie nicht wagerecht gelegt wird, nach unten kommt.

Bei Armbrüsten ist die aufrechte Stellung selbstverständlich, und zwar so, daß bei Aufhängen an der Wand der Abzug nach innen liegt. Dies ist durchzuführen trotz der Schwierigkeiten, die der vorspringende Abzugsbügel beim Anlegen an die Wand bereitet, damit die empfindlicheren Teile, Nuß, Bolzenklammer usw., nicht verletzt werden. Auch ist es auf diese Weise möglich, den Spannapparat, die Winde, Krappe oder Spannhebel, oder auch Bolzen und Pfeil an der Armbrust mit zu befestigen oder den Säulenhebel, bei Ballestern, in Funktion zu zeigen.

Gewehre müssen wagerecht aufbewahrt werden, weil nur in dieser Lage die Umrisse sich klar ausprägen: die Lage, die der Handfeuerwaffe beim Anschlag, also vorm oder im Gebrauch gegeben wird, ist allein maßgebend. Ist diese Aufstellung aber unmöglich, so zeige man, bei senkrechter Anordnung, das Schloß, als den technisch wichtigsten Teil, wenn nicht in Augenhöhe, so doch etwa in Tischhöhe, also etwa 80—90 cm vom Fußboden.

Über den Mechanismus der Gestelle soll hier nicht gesprochen werden. Im allgemeinen ist als Material das Holz dem Eisen vorzuziehen, nicht nur aus Billigkeitsgründen, sondern weil man dem Eisen der Waffen keinen stofflichen Nebenbuhler an die Seite geben soll. Wo das Eisen das Holz berührt, bleibt ihm stets der Charakter des Überlegenen, Unverletzlichen, während es im anderen Fall durch eine weiche Umhüllung des Trägers ängstlich geschützt werden muß. Die Waffe aber soll, auch im bescheidenen Raume des Sammlers, nicht als Symbol der Vergänglichkeit, sondern als Zeichen des Sieges im Kampfe wirken.

Kapitel IV

Sammlungen

A. Öffentliche Sammlungen in Deutschland

1. Berlin. Zeughaus. Die Sammlungen des Hauses, das seiner ursprünglichen Bestimmung als Aufbewahrungsort für Kriegswaffen von 1706—1875 gedient hat, sind dreifachen Ursprungs. Einen Teil bilden die alten Zeughausbestände, die im wesentlichen Handfeuerwaffen und Geschütze umfassen. Ein zweiter geht auf die alte kurfürstliche Rüstkammer zurück, die unter Friedrich dem Großen fast gänzlich aufgelöst worden war. Zahlreiche Stücke gingen aus ihr in die um 1770—1817 entstandene Waffensammlung des Geh. Kriegsrates Friedrich Krüger über, die nach dessen Tode 1823 von König Friedrich Wilhelm III. gekauft und von ihm, mit den Waffen der königlichen Kunstkammer, dem Zeughause überwiesen wurde. Einen letzten, wichtigen Zuwachs erfuhren die Bestände durch den Ankauf der großartigen Sammlung des Prinzen Carl von Preußen (ca. 1100 Stück), die dieser kunstsinnige Hohenzoller im Laufe des 19. Jahrhunderts geschaffen hatte. Durch zahlreiche Überweisungen, Ankäufe und Geschenke ist das Zeughaus seitdem bereichert worden und nimmt heute auf dem Gebiete der Waffen des Mittelalters und der Geschütze den ersten Platz unter den deutschen Waffenmuseen ein. Eine reiche Sammlung von Fahnen, Uniformen und Orden, sowie militärischen und patriotischen Erinnerungsstücken kommt dazu. Der Führer (1. Aufl. 1900, neu 1914) nennt ganz kurz die wichtigsten Stücke.

2. Dresden. Historisches Museum und Gewehrgalerie. Im Johanneum, d. i. dem von Christian I. 1586 erbauten sog. Stallgebäude, daß dem Königl. Schloß benachbart, mit ihm durch die Gewehrgalerie („den langen Gang am Stall") verbunden ist. Die kurfürstliche Rüstkammer befand sich hier von 1588—1722, dann in einem Hause an der Schössergasse, 1833—1876 im Zwinger, um dann in ihr altes, inzwischen völlig umgebautes Heim zurückzukehren. Der Schwerpunkt der Sammlung liegt in den Prunkwaffen des 16. und 17. Jahrhunderts. Die Gruppe der Degen ist, nach der Schönheit der Gefäße und Güte der Klingen, eine der reichhaltigsten der Welt; alle hervorragenden Meister Deutschlands, Italiens und Spaniens sind hier mit kostbaren Werken vertreten. Ebenso einzigartig ist die „Sattelkammer", die Sammlung der reich ausgestatteten Reitzeuge und Sättel, und die der Jagdwaffen; die orientalischen Waffen bilden eine wichtige Gruppe, dazu kommt das Türkenzelt von 1683, das größte und schönste dieser Art. Das Museum enthält ungefähr 15000 Stück; die Inventare gehen bis auf das Jahr 1561 zurück. Im 17. Jahrhundert war die Rüstkammer der sächsischen Kurfürsten die reichste in Deutschland. — Die „Gewehrgalerie" enthält seit 1733 die Handfeuerwaffen, die aus der alten „Büchsen-" und „Jägerkammer" stammen; sie ist besonders im 18. Jahrhundert sehr vermehrt worden und stellt, sowohl was den Reichtum ihrer Bestände (ungefähr 2000 Stück), die Zahl der in ihr vertretenen berühmten Meister und die vorzügliche Erhaltung ihrer Gegenstände betrifft, die glänzendste Sammlung der Welt dar. — Führer beider, unter derselben Leitung stehenden Museen von M. von Ehrenthal (Histor. Museum, 3. Aufl. 1899; Gewehrgalerie, 1900). Beide Führer bringen vielfach ausführliche Beschreibungen, Markentafeln, Register.

3. München. a) Bayr. Armeemuseum. Die Sammlungen nach kriegsgeschichtlichen Perioden geordnet, sind

Fig. 79. Berlin, Zeughaus. Erdgeschoß.

aus den Resten der bayrischen Zeughäuser zu München, Augsburg, Würzburg, Nürnberg, Rosenberg ob Kronach, Wülzburg bei Weißenburg u. a. gebildet worden; einen wertvollen Zuwachs bedeutet die (als Leihgabe aufgestellte) Rüstkammer des Schlosses Seefeld, aus dem Besitze des Grafen zu Törring-Jettenbach. 1881 gegründet, erhielt das Museum 1895 in dem mächtigen Bau am Hofgarten ein eignes Heim; die artilleristische Sammlung ist im Untergeschoß aufgestellt. Führer von Hans Fahrmbacher (1. Aufl. 1905), mit ausführlichen geschichtlichen und waffengeschichtlichen Erläuterungen, aber ohne Marken und Register.

b) Bayr. Nationalmuseum, Waffenhalle. Die Waffen sind 1859 durch den Freiherrn von Aretin, den Gründer des Nationalmuseums, den Beständen des Münchner Zeughauses entnommen worden. Daher die zahlreichen gotischen und Maximiliansharnische. Ein eigner Katalog noch nicht vorhanden.

4. Nürnberg. Germanisches Museum. Die in sieben Räumen, darunter einer großen dreischiffigen Halle, aufgestellte Sammlung ist aus der Sammlung des Gründers des Museums, des Freiherrn von Aufseß, aus einem Teil der Münchner Zeughausbestände, schließlich vor allem aus der Sammlung des Fürsten Sulkowski auf Schloß Feistritz in Niederösterreich hervorgegangen. Sie besitzt zahlreiche Turnierzeuge, eine reiche Auswahl von Blank- und Stangenwaffen, sowie wertvolle frühe Geschütze. Essenwein (Quellen zur Geschichte der Handfeuerwaffen, 1877) hat diese sowie die in der Bibliothek des Museums befindlichen Bild- und Schriftquellen zu einem grundlegenden Werke über die Entstehung und erste Entwicklung des Geschützwesens verarbeitet. Ein Sonderkatalog noch nicht vorhanden.

5. Emden. Rüstkammer der Stadt. Diese hervorragende Sammlung städtischen Wehrbesitzes wurde in ihrer gegen-

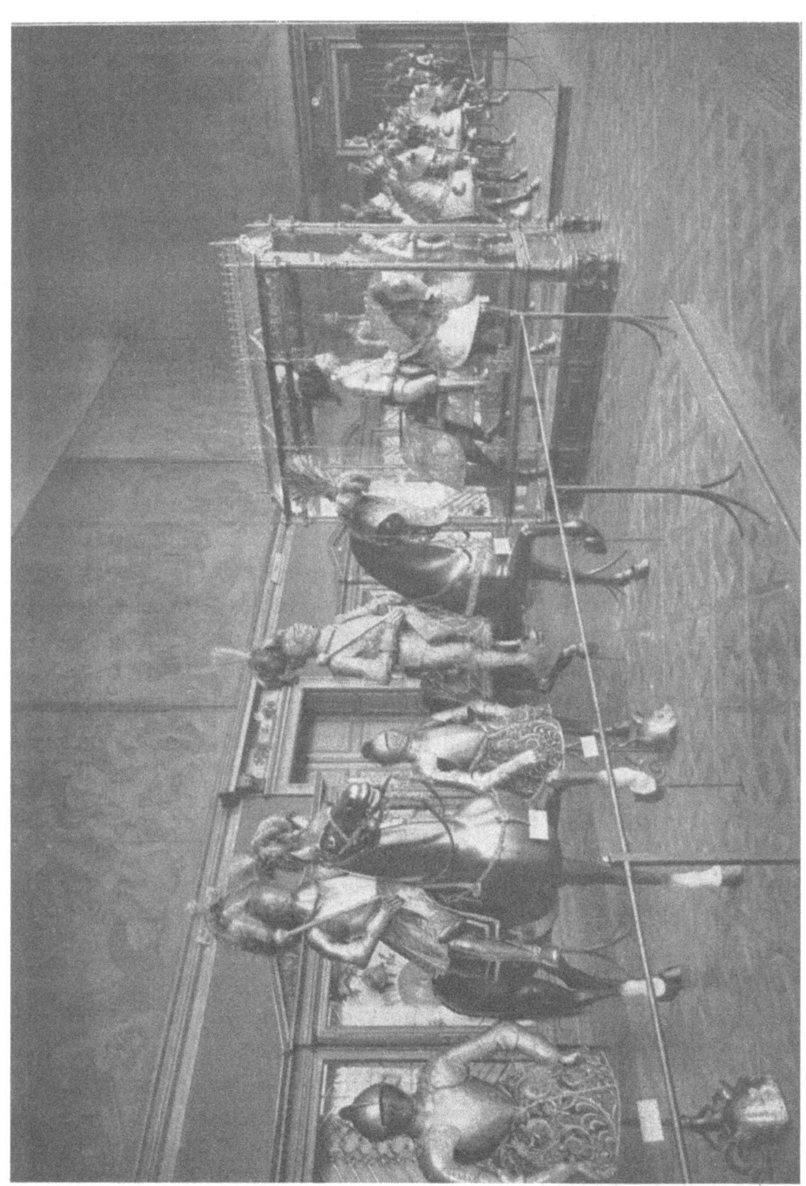

Fig. 80. Dresden, Historisches Museum. Prunkwaffensaal.

wärtigen Gestalt im letzten Viertel des 16. Jahrhunderts gegründet und im 17. besonders durch viele erbeutete kostbare Handfeuerwaffen bereichert. Auch durch die Schützengesellschaften gelangte manch kostbares Gewehr in die Rüstkammer. Als Arsenal einer deutschen Stadt am Ausgange des Mittelalters hat die Sammlung, die im Obergeschoß des alten Rathauses im Jahre 1902 von Dr. Otmar Baron Potier neu aufgestellt worden ist, einzigartigen Wert. Sie enthält über 2000 Waffen, darunter etwa 150 Harnische. — Führer mit geschichtlichen und technischen Erläuterungen von O. Potier, 1903. Von demselben ein Inventar (1903), gleichfalls mit Markentafeln, Abbildungen und Registern.

6. Erbach. Gräfl. Erbachsche Waffensammlung und Gewehrkammer. Im wesentlichen eine Schöpfung des Grafen Franz zu Erbach-Erbach, der in der ersten Hälfte des 19. Jahrhunderts die alte Rüstkammer umgestaltete. Im sog. Rittersaal, in der Gewehrkammer und in der Hirschgalerie des Schlosses malerisch aufgestellt etwa 30 Harnische, darunter mehrere reich dekorierte Meisterwerke der deutschen Plattnerkunst des 16. Jahrhunderts; dann besonders zahlreich die Prachtgewehre des 17. und 18. Jahrhunderts, die in die ungewöhnlich vollständige Gruppe der Jagdwaffen gehören. — Generalkatalog, vom Grafen Eberhard zu Erbach-Erbach, 1894, mit sehr kurzen Beschreibungen; wissenschaftlich wenig ergiebig.

7. Schwarzburg. Fürstl. Zeughaus. Ursprünglich Arsenal für die Waffen der Landestruppen, im 19. Jahrhundert durch Einverleibung der Fürstl. Gewehrkammer in Rudolstadt vergrößert, gibt das Zeughaus ein gutes Bild der militärischen Bewaffnung des 17. Jahrhunderts. Unter den Blankwaffen befinden sich eine Anzahl schön geätzter Klingen, unter den Feuerwaffen (531 Stück) reich ausgestattete Radschloßbüchsen. — Die Sammlung wurde 1894 neu aufgestellt und von C. A. Oßbahr inventarisiert

Fig. 81. Nürnberg, Waffensaal im Germanischen Museum.

(Das Fürstliche Zeughaus in Schwarzburg, 1895; eingehende, wissenschaftlich zuverlässige Beschreibungen der 2735 Stück, Marken und Register). Ferner ein gut orientierender, reich illustrierter Aufsatz von A. Diener-Schönberg, Zeitschrift für histor. Waffenkunde IV, 335—366.

8. Wartburg. Großherzogl. Waffensammlung. Enthält eine Anzahl von Prunkharnischen des 17. Jahrhunderts aus dem Besitze der Fürsten des ernestinischen Sachsen, darunter Meisterwerke nürnbergischer Plattner und Reste des ehemaligen Weimarer Zeughauses. Bestand 877 Stück. — Inventar mit zahlreichen Abbildungen, Marken und ausführlichen waffengeschichtlichen Erläuterungen von A. Diener-Schönberg, 1912.

9. Feste Coburg. Waffensammlung. Wie die der Wartburg, fast ausschließlich alter fürstlicher Hausbesitz aus dem 16. und 17. Jahrhundert. Etwa 30 ganze Harnische, zahlreiche Blankwaffen und Stangenwaffen. Eine sehr reichhaltige Sammlung von Jagdgewehren, zum großen Teil von der kostbarsten Ausstattung, im Rosenzimmer (Fürstenbau, 2. Stock). — Orientierende Übersicht von Georg Voß (Bau- und Kunstdenkmäler Thüringens, Heft XXXIII, S. 580ff.). Katalog nicht vorhanden.

10. Sigmaringen. Fürstl. Hohenzollernsches Museum. Die 11. Gruppe der Sammlungen, die durch den Fürsten Karl Anton in der Mitte des 19. Jahrhunderts vereinigt wurden, nimmt die Waffenhalle ein. Sie enthält über 2000 Stück, darunter zahlreiche Prunkwaffen; die alten Besitzstücke sind in neuerer Zeit durch Ankäufe beträchtlich vermehrt worden. Katalog nicht vorhanden. Einzelne Abbildungen und Beschreibungen bei J. H. von Hefner-Alteneck, Die Kunstkammer S. Kgl. H. des Fürsten Karl Anton von Hohenzollern-Sigmaringen, 1866.

11. Schloß Osterstein. Waffensammlung des Fürsten Reuß j. L. Alter reußischer Familienbesitz, rund 340 Stück, meist 16.—18. Jahrhundert; unter den Handfeuerwaffen

einige wichtige frühe Typen. Orientierender Aufsatz von M. von Ehrenthal, Zeitschr. f. histor. Waffenkunde IV, 262.

12. Arolsen. Waffensammlung im Fürstl. Waldeckschen Residenzschloß. Durch Fürst Georg Victor aus den Beständen der Schlösser zu Waldeck-Pyrmont und Arolsen gebildet als „Gewehrkammer", mit hauptsächlich Handfeuerwaffen, ca. 300 Stück. Katalog von Schmid, Die Gewehrkammer im Fürstl. Residenzschloß zu Arolsen, 1878; Kurzer Überblick durch Weinitz, Zeitschrift für histor. Waffenkunde IV, 129.

13. Schloß Dyck. Waffensammlung des Fürsten Salm-Reifferscheidt. Hauptsächlich Jagdwaffen der ehemaligen Gewehrkammer aus der zweiten Hälfte des 17. Jahrhunderts, Arbeiten rheinischer Meister u. a. 1877 neu aufgestellt und geordnet. Insgesamt 740 Stück, darunter 536 Handfeuerwaffen. Inventar von M. von Ehrenthal, 1906, mit eingehenden Beschreibungen, Marken und Markentafeln, Registern und einigen Abbildungen.

14. Darmstadt. Großherzogl. Gewehrkammer im Residenzschlosse. Besteht aus zwei Gruppen, der Großherzogl. Hessischen und der Hessen-Homburgischen Abteilung, zusammen ca. 1100 Stück. Die hervorragendsten Büchsenmacher des 17. und 18. Jahrhunderts sind vertreten. — Inventar über die in der Großherzogl. Gewehrkammer befindlichen Waffen und sonstigen Gegenstände, 1867. — Im Großherzogl. Landesmuseum ein Waffensaal, mit einigen guten Blankwaffen, einem schönen Prunkharnisch, frühen Feuerwaffen usw. Führer von Back u. a.

15. Frankfurt a. M. Rüstkammer im Städt. Histor. Museum. Den Kern der Waffensammlung bildet die Sammlung von Chr. Alex. Fellner (1800—1883), deren Bestände zum Teil auf die des alten städtischen Zeughauses zurückgehen. Etwa 20 ganze Harnische und Harnischteile, Blankwaffen u. a. — Emil Padjera, in dem Werke von F. Quilling, Die Sammlungen des Städt. Histor. Museums in Frankfurt

a. M., Heft II, 12. Abt. — Kurze Beschreibung in F. Quillings Führer durch das Städt. Histor. Museum in Frankfurt a. M., S. 30.

16. Schwerin, Großherzogl. Residenzschloß. Waffenhalle.

17. Stuttgart, Altes Schloß. Landesarmeemuseum.

18. Schloß Ettersburg bei Weimar. Gewehrsammlung.

19. Schloß Maihingen, Fürstl. Öttingen-Wallersteinsche Sammlung.

20. Schloß Blankenburg im Harz. Herzogl. Waffensammlung.

21. Schloß Braunfels bei Wetzlar. Rüstkammer.

22. Altenburg, Schloß. Herzogl. Rüstkammer.

B. Außerdeutsche Sammlungen

23. Wien. Waffensammlung des Allerh. Kaiserhauses. Der Besitz des habsburgischen Herrscherhauses, dessen Grundstock die Hinterlassenschaften Maximilians I. und Ferdinands I. bilden, beim Tode des letzteren 1564 auseinandergerissen, wurde erst im Jahre 1889 wieder vereinigt. Während ein Teil in Wien blieb und später dem Kaiserlichen Zeughause einverleibt war, ein Teil nach Graz kam und erst im 18. Jahrhundert nach Wien zurückgebracht wurde, gelangte der Hauptteil in den Besitz des Erzherzogs Ferdinand und bildete den Kern von dessen reichhaltigen Sammlungen auf Schloß Ambras bei Innsbruck. Erst 1806 wurden die Ambraser Waffen nach Wien überführt, anfangs im unteren Belvedere aufgestellt, um dann unter Wendelin Böheims Leitung im Kunsthistorischen Hofmuseum neu aufgestellt zu werden. Die zahlreichen kostbaren Waffen aus dem Besitze berühmter Personen, die der Sammlung ihren ungewöhnlichen Wert verleihen, sind zum großen Teil durch Erzherzog Ferdinand erworben

worden. Die Sammlung ist in zwölf Sälen, die meist die Namen hervorragender Fürsten tragen, chronologisch geordet; einzigartig die Gruppe der Turnierwaffen und der spätmittelalterlichen Harnische. Bestand: ungefähr 5000 Stück. Führer (1889) und Album hervorragender Gegenstände (1894 und 1898) von Böheim.

24. Wien. Heeresmuseum. Aus dem alten Kaiserlichen Zeughause entstanden, das über ein Jahrhundert lang auch die Prunkwaffen der Herrscher selbst enthielt, 1856 in dem neuen Artilleriearsenal untergebracht, wurde es 1888—1890, nach Abtrennung der Hofwaffensammlung, als Museum der Geschichte des K. und K. Heeres seit dem Beginn des Dreißigjährigen Krieges neu geordnet. Von besonderem Werte ist die Sammlung von Geschützrohren (220 Stück). Katalog von Erben und John, 4. Aufl., 1903.

25. Wien. Waffensammlung der Stadt Wien. Schon im 15. Jahrhundert besaß die Stadt eine Rüstkammer; von 1562 an stand das neue Zeughaus am Hof. 1885—1896 wurden die noch vorhandenen Bestände als Teil des historischen Museums der Stadt im Rathaus aufgestellt. Die Sammlung enthält eine große Anzahl türkischer Waffen aus der Zeit der Belagerung von Wien 1683. Bestand: ca. 1500 Stück.

26. Turin. Armeria Reale. Von Herzog Karl Emanuel I. von Savoyen (1562—1630) gegründet, durch Carl Albert von Sardinien seit 1833 systematisch geordnet und ausgebaut, eine Zeitlang im Arsenal, wurde sie später in der prunkvollen Galerie Beaumont und der anschließenden Rotonda im Palazzo Reale aufgestellt. Sie ist die hervorragendste Waffensammlung Italiens und naturgemäß außerordentlich reich an Werken italienischer Meister. In der Aufstellung wurde das dekorative Moment stark berücksichtigt. Bestand: ca. 3000 Stück. Katalog von Angelucci

Fig. 82. Turin, Armeria Reale.

(1890), Album (3 Bände) von Avogadro di Quaregna (1898), Führer von d'Oncien de la Bertie (1910).

27. Madrid. Real Armeria. Den Grundstock der Sammlung bilden die Waffen aus dem Besitze Kaiser Karls V. 1565 auf Befehl Philipps II. in Madrid gegründet

Fig. 83. Madrid, Real Armeria.

und in einem eigenen Bau, der Stallmeisterei (las caballerizas) aufgestellt, wurde sie nach einem Brande von dem Conde de Valencia 1893 völlig neu geordnet. Ihr Besitz an Prunkharnischen, Arbeiten der berühmtesten Waffenschmiede Deutschlands und Italiens, wird von keiner anderen Waffensammlung der Welt erreicht. Ein besonderer Wert der Sammlung liegt in der gesicherten geschichtlichen Tradition vieler Stücke, die eine glänzende wissenschaftliche Bearbeitung erfahren haben. Bestand: rund 2100 Stück. Katalog vom Conde de Valencia (1898), Führer (engl., mit Geschichte der Waffe in Spanien) von Albert F. Calvert (1907).

28. Paris. Musée de l'Armée. (Im Hôtel des Invalides.) Diese Sammlung ist im Jahre 1905 als Vereinigung des Musée d'Artillerie und des Musée historique entstanden. Ihr Ursprung geht auf eine Sammlung artilleristischer Modelle und Waffen zurück, die 1685 in der Bastille eingerichtet worden war, und nach deren Zerstörung im Dominikanerkloster St. Thomas-d'Aquin neu begründet wurde. In den napoleonischen Kriegen wurde sie durch Beutestücke, insbesondere auch aus Schloß Ambras, außerordentlich vermehrt, 1871 in ihrem gegenwärtigen Heim aufgestellt. Seitdem ist sie vielfach bereichert worden, vor allem durch die Waffensammlung Napoleons III. im Schlosse Pierrefonds, die im wesentlichen aus den Beständen der ehemaligen Sammlung Soltikoff entstanden war. Von besonderer Schönheit und Vollständigkeit ist die Gruppe der Harnische französischer Könige von Franz I. bis auf Ludwig XIV., ferner die der Turnierwaffen und die der Handfeuerwaffen. Die historische Abteilung enthält zahlreiche Andenken an die kriegerischen Ruhmestaten des französischen Heeres und seiner Führer: Uniformen, Medaillen, Bilder, ethnographische Gegenstände, Trophäen usw. Sehr reichhaltig (über 1400 Stück) auch die eigentliche Geschützsammlung. Die Aufstellung in

Fig. 84. Paris, Musée de l'Armée. Salle de Pierrefonds.

engen und dunkeln Sälen und Korridoren ist sehr gedrängt und unübersichtlich. Der ausgezeichnete Katalog des alten Musée d'Artillerie, der eigentlichen Waffensammlung (von L. Robert) verzeichnet im Jahre 1889 8971 Stück, einschließlich der prähistorischen und antiken Waffen. Das Museum ist ohne Zweifel heute eins der umfangreichsten und wertvollsten der Welt.

29. Stockholm. Lifrustkammaren (Leibrüstkammer, Museum der Waffen und historischen Kostüme). Im 16. Jahrhundert als königliche Rüstkammer der Wasa gegründet, seit der Mitte des 17. Jahrhunderts auch dem Publikum geöffnet, nach mannigfachen Schicksalen und Wanderungen 1905 in dem neuen Nationalmuseum (Erdgeschoß) aufgestellt, im 19. Jahrhundert durch zahlreiche Erwerbungen aus Privatbesitz vermehrt, enthält sie zahlreiche hervorragende Harnische sowohl deutscher wie schwedischer Herkunft. Eine besondere Kostbarkeit stellt die Gruppe der historischen Kostüme aus dem Besitze des Königshauses dar, die im Jahre 1851 der Sammlung einverleibt wurde. Die Geschütze und Uniformen sind im Artilleriemuseum untergebracht. Die Sammlung, vortrefflich katalogisiert und ständig vermehrt, enthält gegen 6000 Gegenstände. Katalog von Cederström (2. Aufl. 1909).

30. Petersburg. Waffensammlung in der Eremitage (Abteilung für Kunstgegenstände aus dem Mittelalter und der Renaissanceepoche). Die Sammlung, welche 1888 im Erdgeschoß der Eremitage eröffnet wurde, besteht im wesentlichen aus dem ehemaligen Museum von Zarskoie-Selo, der Waffensammlung, welche Alexander I. im Jahre 1871 in einem Jagdschloß der genannten Kaiserlichen Residenz eingerichtet hatte. Die Gruppe der orientalischen Waffen, die reichhaltigste und schönste, die es gibt, verdankt ihre besten Stücke der Kriegsbeute aus den Feldzügen von 1826—1829. Eine wertvolle Bereicherung bildete dann die Sammlung der Geschenke orientalischer Fürsten

Fig. 85. Stockholm, Waffensammlung im Nationalmuseum (Lifrustkammaren).

an die russischen Herrscher seit der Zeit Katharinas II. und die von 261 Waffen aus der Sammlung Soltikoff. Die europäische Abteilung ist besonders von Nikolaus I. gepflegt und z. B. durch den Ankauf der Sammlung Taschischtschef bereichert worden. Die Sammlung, die wissenschaftlich ausgezeichnet durchgearbeitet ist, zählt über 5000 Gegenstände. Katalog und Album von E. von Lenz (1908).

31. Moskau, Waffensammlung in der Rüstkammer (Orushejnaja Palata). Im 13. und 14. Jahrhundert stand die zarische Rüstkammer in engster Verbindung mit der Schatzkammer; im Jahre 1737 beim großen Brand des Kreml fast völlig vernichtet, wurde sie erst 1814, nach mannigfaltigen Schicksalen, durch Alexander I. neu begründet und dann wissenschaftlich bearbeitet und geordnet. Ein 1893 erschienenes vierbändiges Inventar der Waffen zählt 5767 Nummern, davon u. a. 335 Harnische und Harnischteile, über 2000 Handfeuerwaffen, ca. 1200 Sättel, Zaumzeuge, Steigbügel u. dgl., darunter auch zahlreiche westeuropäische Arbeiten.

32. Petersburg. Artilleriemuseum. Durch Kaiserin Elisabeth 1756 in Moskau als artilleristisches Reservedepot zumeist aus den Beständen der geistlichen Institute und Klöster gegründet, 1761 dem Petersburger Arsenal einverleibt, bildet das Museum, in einem besonderen Gebäude der Peter-Pauls-Festung aufgestellt, ein fast lückenloses Bild der Entwicklung der Feuerwaffen vom 15. bis 19. Jahrhundert. Der Katalog ist geschichtlich wie technisch von größter Zuverlässigkeit.

33. Brüssel. Waffensammlung des Musée de la Porte de Hal. Herzog Anton von Burgund gründete 1406 ein Arsenal in seinem Schloß Caudenberg zu Brüssel, das durch Maximilian, Karl V. und später den Statthalter Erzherzog Albrecht weiter ausgebaut wurde. 1773 im alten Jesuitenkolleg, Rue de la Paille, untergebracht, wurde die Sammlung 1847 in dem 1383 erbauten Turm der „Ob-

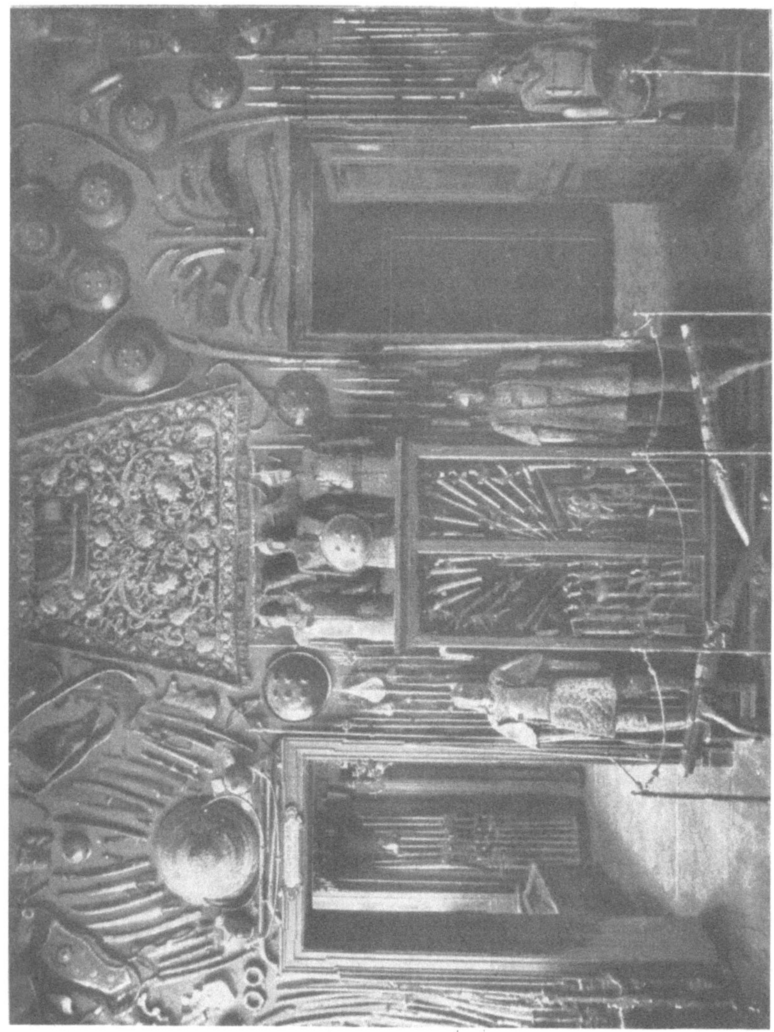

Fig. 86. St. Petersburg, Waffensammlung in der K. Eremitage. Saal der orientalischen Waffen.

bursselsche Port“, dem später Porte de Hal genannten, heute allein noch erhaltenen Teil der alten Stadtbefestigung aufgestellt, anfangs in Gemeinschaft mit kunstgewerblichen Sammlungen, die aber 1889 in das Palais du Cinquantenaire überführt wurden. Im 19. Jahrhundert beständig vermehrt, enthält das Museum heute u. a. eine Anzahl hervorragender Plattnerarbeiten des 16. Jahrhunderts und eine interessante Sammlung orientalischer Waffen. Der Katalog von 1902 verzeichnet 2203 Nummern, einschließlich der modernen Militärwaffen. Katalog von Prelle de la Nieppe (1902), Album von Macoir (1910).

34. London. The Armouries Tower. Heinrich VIII. legte den Grund zur Königlichen Rüstkammer, die im Palast von Greenwich ihr Heim hatte, und stattete sie, dank seinen Beziehungen zu Maximilian I., reich aus. In den Revolutionsjahren stark dezimiert, wurde die Sammlung 1660 im Tower neu aufgestellt und der Öffentlichkeit zugänglich gemacht, 1841 durch einen großen Brand sehr geschädigt, 1882/83 an ihrem gegenwärtigen Platze, im „White Tower“, dem ältesten Teil der im Jahre 1078 von Wilhelm dem Eroberer gegründeten Befestigung, untergebracht, und seitdem andauernd vervollständigt. Sie ist besonders reich an Waffen des ausgehenden Mittelalters und besitzt auch eine schöne Anzahl orientalischer Waffen. Die Aufstellung ist durch die lokalen Verhältnisse bedingt und sowohl von dekorativen wie von entwicklungsgeschichtlichen Gesichtspunkten geleitet. Die Zahl der Gegenstände beträgt über 5000. Katalog (1900) und Album (1905) von Viscount Dillon.

35. Windsor Castle. The Armoury. Die Rüstkammer des Königlichen Hauses, durch die Revolution schwer geschädigt und unter Karl II. neu eingerichtet, 1842 durch den Prinzgemahl Albert als Museum aufgestellt, wurde unter Eduard VII. geordnet und katalogisiert. Unter den Harnischen des 16. Jahrhunderts sind die Arbeiten des Inns-

Fig. 87. London, Waffensammlung im Tower.

brucker Waffenschmieds Jakob Topf die hervorragendsten. Auch die Gruppe der Blankwaffen und der Handfeuerwaffen weist kostbare, gut erhaltene Stücke auf. Der glänzend ausgestattete Katalog (1904) nennt 955 Nummern. Katalog von Laking (1904).

36. Kopenhagen. Zeughaus, Historische Waffensammlung. Christian IV. gründete 1604 eine Sammlung von Waffen, die anfangs in dem Gebäude der Königlichen Bibliothek aufgestellt, im 18. Jahrhundert ins Zeughaus überführt wurde, wo sie noch heute, mit der Geschützsammlung vereinigt, ihren Platz hat. Sie enthält etwa 3000 Gegenstände.

37. Valetta. Malta Armoury of the Knights of St. John of Jerusalem. Die Rüstkammer der Ritterschaft des hl. Johannes, 1531 zuerst erwähnt, unter der venetianischen Herrschaft von neuem organisiert, enthält u. a. eine Anzahl Arbeiten italienischer und deutscher Meister. In den ersten Jahren des 20. Jahrhunderts neu aufgestellt und katalogisiert, zählt sie 5286 Stück, von denen annähernd 500 größeren geschichtlichen oder künstlerischen Wert besitzen. Katalog von Laking (1903).

38. Venedig. Arsenal (Sala d'Armi nel Museo dell' Arsenale di Venezia). Der Grundstock der Sammlung wurde im 15. Jahrhundert gelegt; im 18. und 19. Jahrhundert vielfach beraubt, nimmt sie heute einen großen Saal des im Jahre 1104 gegründeten Arsenals ein. Der Katalog aus dem Jahre 1908 verzeichnet 2259 Stück, einschließlich der Geschütze, darunter nahezu die Hälfte Blankwaffen, unter denen sich auch zahlreiche deutsche Arbeiten befinden. Katalog von G. de Lucia (1908).

39. Graz. Landeszeughaus. Um die Mitte des 16. Jahrhunderts zuerst erwähnt (das erste Inventar ist 1568 datiert), im Jahre 1642 stattlich neu gebaut, stellt es mit seinen Sammlungen das reichhaltigste und glänzendste Bild von dem Stande ständischen Waffenwesens im 17. Jahr-

Fig. 88. Zürich, Waffenhalle im Schweizer Landesmuseum.

hundert dar, das sich auf deutschem Boden erhalten hat. Die Waffen des gemeinen Soldaten, also im wesentlichen Trutzwaffen, überwiegen, aber auch ritterliche Waffen, Harnische aus dem 16. Jahrhundert, sind in großer Zahl vertreten. Der Bestand, 1699 auf über 85700 Stück berechnet, übertrifft heute mit ca. 28000 Stück den aller ähnlichen Sammlungen. Für das Studium z. B. der Stangenwaffen (4595 Stück), der Helme (2577) in der Zeit des Dreißigjährigen Krieges sind die Waffen des Grazer Zeughauses von unersetzlichem Wert. Katalog von Pichler und Franz Graf von Meran (1880), Führer von Lacher (1907).

40. Florenz. Waffensammlung im Museo Nazionale (Bargello). Franz I. Medici, Herzog von Florenz, errichtete im Jahre 1568 eine Sammlung von Waffen aus dem Besitze seines Hauses in Santa Croce. Diese wurde später in einigen Sälen der Uffizien aufgestellt, 1776 fast gänzlich verkauft, und zwar nach dem Gewicht. Der Rest wurde 1864 im Erdgeschoß des Museo Nazionale, zusammen mit den Jagdwaffen aus dem Besitze Ferdinands III., die sich noch im Palazzo Vecchio befunden hatten, aufgestellt. Sie enthält einige hervorragende Harnische, Schilde und Blankwaffen italienischer Herkunft. — Auch die Sammlung des Obersten Ressman, die 1894 als Legat dem Museum zufiel, zählt einige bemerkenswerte Waffen, darunter wohl das schönste bekannte venetianische Schwert aus dem Anfang des 16. Jahrhunderts. Katalog von Supino (1898).

41. New York. Waffensammlung im Metropolitan Museum of Art. Ihre wesentlichsten Bestandteile bilden die Sammlung des Duc de Dino, die im Jahre 1904 gekauft wurde, und die des Mr. Ellis of Ellislee, die 1896 als Geschenk an das Museum kam. Die erstere enthält eine Anzahl historisch interessanter Stücke, Maximilians- und Prunkharnische. Der Katalog (1905) gibt über die Zahl der Waffen keine genaue Auskunft; sie dürfte annähernd 500 Stück betragen. Katalog von Bashford Dean.

42. Zürich. Waffenhalle im Schweizer. Landesmuseum. Die Sammlung, im 1. Stock des 1898 eröffneten Landesmuseums aufgestellt, ist besonders reich an Har-

nischen und Stangenwaffen aus dem 16. und 17. Jahrhundert, die z. T. historische Bedeutung haben. Eigner Katalog noch nicht vorhanden; Bestand ca. 800 Stück.

43. Solothurn. Zeughaus. Die Bestände des städtischen Zeughauses, dessen Geschichte bis ins Jahr 1438 zu verfolgen ist, wurden 1833 durch einen Massenverkauf arg verringert, bald darauf aber wieder geordnet und neu aufgestellt. Der Katalog (1900) verzeichnet 1217 Stück, von denen nahezu 300 dem Gebiete der Schutzwaffen angehören. Katalog von Wegeli.

44. Luzern. Waffensammlung (ehemal. Zeughausbestand) im Rathause. Seit 1878 mit den Sammlungen des Historischen Vereins der fünf Orte vereinigt. Der Katalog (1912) nennt 445 Stücke; erwähnenswert besonders die Gruppe der Neulander Rundschilde aus der Beute der Schlacht von Giornico 1478. Katalog von Geßler und Meyer-Schnyder.

45. Sarajewo. Waffen im bosnisch-herzegowinischen Landesmuseum. Die Sammlung weist alle auf der Balkanhalbinsel üblichen Schutz- und Trutzwaffen in charakteristischen Typen auf.

Literatur

1. Handbücher.

Ashdown, Charles Henry. British and Foreign Arms and Armour. London 1909.

Beck, Ludwig. Die Geschichte des Eisens in technischer und kulturgeschichtlicher Beziehung. Braunschweig 1890—1903.

Boeheim, Wendelin. Handbuch der Waffenkunde. Das Waffenwesen in seiner histor. Entwicklung vom Beginn des Mittelalters bis zum Ende des 18. Jahrh. Leipzig 1890.

— Meister der Waffenschmiedekunst vom 14. bis ins 18. Jahrhundert. Ein Beitrag zur Geschichte der Kunst und des Kunsthandwerks. Berlin 1897.

Coltman Clephan, Robert. An outline of the history and development of hand firearms from the earliest period to about the end of the 15. century. London 1906.

— The defensive armour and the weapons and engines of war of mediaeval times, and of the „Renaissance". London 1900.

Demmin, August. Die Kriegswaffen in ihren geschichtlichen Entwicklungen von den ältesten Zeiten bis auf die Gegenwart. Eine Encyklopädie der Waffenkunde. 4. Aufl. Leipzig 1893.

Ffoulkes, Charles. Armour and weapons. Oxford 1909.

— The armourer and his craft. London 1912.

Gelli, Jacopo. Guida del raccoglitore e dell' amatore di armi antiche (Manuali Hoepli). Milano 1900.

Hewitt, John. Ancient armour and weapons in Europe. Oxford und London 1855.

Jähns, Max. Entwicklungsgeschichte der alten Trutzwaffen. Mit einem Anhang über die Feuerwaffen. Berlin 1899.

— Atlas zur Geschichte des Kriegswesens von der Urzeit bis zum Ende des 16. Jahrhunderts. Bewaffnung, Marsch- und Kampfweise, Befestigung, Belagerung, Seewesen. Berlin 1878.

— Handbuch einer Geschichte des Kriegswesens von der Urzeit bis zur Renaissance. Technischer Teil: Bewaffnung, Kampfweise, Befestigung, Belagerung, Seewesen. Leipzig 1880.

— Geschichte der Kriegswissenschaften vornehmlich in Deutschland. München und Leipzig 1889—1891.

Köhler, G. Die Entwicklung des Kriegswesens und der Kriegführung in der Ritterzeit. Breslau 1886—1890.

Koetschau, Karl. Die Verwendung der Metalle zu Wehr und Waffen. In „Der Mensch und die Erde". Berlin 1908.

Lacombe-Boutell, Charles. Arms and armour in antiquity and the middle ages. Translated from the French of M. P. Lacombe. London 1902.

Maindron, Maurice. Les armes. Paris 1891.

San-Marte (A. Schulz). Zur Waffenkunde des älteren deutschen Mittelalters. Quedlinburg und Leipzig 1867.

Starkie Gardner, J. Armour in England from the earlist times to the reign of James the first. London 1897.

Thierbach, M. Die geschichtliche Entwicklung der Handfeuerwaffen, bearbeitet nach den in den deutschen Sammlungen noch vorhandenen Originalen. Dresden 1886 und 1887.

— Nachträge dazu. Dresden 1899.

2. Abbildungswerke.

Asselineau. Armes et armures du moyen-âge et de la renaissance. Paris 1864.

Boeheim, Wendelin. Album hervorragender Gegenstände aus der Waffensammlung des Allerhöchsten Kaiserhauses. Wien 1894 und 1898.

Cosson, Le cabinet d'armes du Duc de Dino. Paris 1901.

Dillon, Viscount. An almain armourers album. London 1905.

Gimbel, Karl. Die Rekonstruktionen der Gimbelschen Waffensammlung in Baden-Baden. Berlin 1902.

v. Hefner-Alteneck, J. H. Waffen. Ein Beitrag zur historischen Waffenkunde. Vom Beginn des Mittelalters bis gegen Ende des 17. Jahrhunderts. Frankfurt a. M. 1903.

Hiltl, Georg. Die Waffensammlung S. K. H. des Prinzen Carl von Preußen. Berlin und Nürnberg.

Lagrelius, A. und C. A. Oßbahr. L'Armurerie Royale (Kgl. Lifrustkammaren) de Stockholm. Stockholm 1897.

v. Leber, Fr. Wiens kaiserliches Zeughaus, zum ersten Male aus historisch-kritischem Gesichtspunkte betrachtet, für Altertumsfreunde und Waffenkenner beschrieben. Leipzig 1846.

Leitner, Quirin v. Die Waffensammlung des Österreich. Kaiserhauses im K. K. Artillerie-Arsenal-Museum in Wien. Wien 1866—1870.

Quaregna, Luigi Avogardo di. Armeria antica e moderna di S. M. il Re d'Italia in Torino. Torino 1898.

Rockstuhl, A. und Gille, Flor. Museé de Tsarskoe-Selo, où Collection des Armes de Sa Majesté l'Empereur de toutes les Russies. St. Petersburg und Karlsruhe 1835—1853.

3. Spezialwerke.

Cosson, B. de und Burges, W. Ancient helmets and examples of mail. London 1881.

Cronau, Rudolf. Geschichte der Solinger Klingenindustrie. Stuttgart 1885.

Drummond, Jas. Ancient scottisch weapons. Edinburg und London 1884.

Lord Egerton of Tatton, W. A Description of indian and oriental armour. London 1896.

Forrer, R. Die Schwerter und Schwertknäufe der Sammlung Carl von Schwerzenbach in Bregenz. Leipzig 1905.

Gay, Victor. Glossaire archéologique du moyen-âge et de la renaissance. Paris 1887.

Giraud, J. B. Documents pour servir à l'histoire de l'Armement au Moyen-âge et la Renaissance. 1901 ff.

Gurlitt, Cornelius. Deutsche Turniere, Rüstungen und Plattner des 16. Jahrhunderts. Archivalische Forschungen. Dresden 1889.

Henning, R. Der Helm von Baldenheim und die verwandten Helme des frühen Mittelalters. Straßburg 1907.

Essenwein. Quellen zur Geschichte der Feuerwaffen. Leipzig 1877.

Jähns, Max. Geschichtliche Aufsätze. Berlin 1903.

Koetschau, Karl. Beiträge zur Geschichte der Handfeuerwaffen. Festschrift für Oberst a. D. M. Thierbach. Dresden 1905.

Leitner, Quirin von. Freydal. Des Kaisers Maximilian I. Turniere und Mummereien. Wien 1880—1882.

v. Mansberg, Richard Frhr. Wâfen unde Wicgewaete der deutschen Ritter des Mittelalters. Dresden 1890.

Müller, Sophus. Nordische Altertumskunde. Straßburg 1897/98.

Payne-Gallwey, Sir Ralph. The Cross-bow. Mediaeval and modern, military and sporting. Its construction, history and management. London 1903.

Rathgen, Friedr. Die Konservierung von Altertumsfunden. (Handbücher der kgl. Museen zu Berlin.) Berlin 1898.

Ris-Paquot. Dictionnaire encyclopédique des marques et monogrammes, chiffres, lettres initiales, signes figuratifs etc. Paris.

Schneider, Rudolf. Die Artillerie des Mittelalters. Berlin 1910.

Schultz, Alwin. Das höfische Leben zur Zeit der Minnesänger. Leipzig 1889.

Suttner, G. Frhr. v., Der Helm. Wien 1878.

Zschille, R. und Forrer, R. Die Steigbügel. Berlin 1896.

4. Kataloge.

Angelucci, Angelo. Catalogo della Armeria Real di Torino. Torino 1890.

Diener-Schönberg, A. Die Waffen der Wartburg. Beschreibendes Verzeichnis der Waffen-Sammlung S. K. H. des Großherzogs Wilhelm Ernst von Sachsen-Weimar-Eisenach. Berlin 1912.

v. Lenz, E. Die Waffensammlung des Grafen S. D. Scheremetew in St. Petersburg. Leipzig 1897.

Szendrei, Joh. Ungarische kriegsgeschichtliche Denkmäler in der Millenniums-Landesausstellung Budapest, herausgegeben vom kgl. ungarischen Handelsminister. Budapest 1896.

Valencia, Conde V.do de. Catálogo Histórico-descriptivo de la Real Armeria de Madrid. Madrid 1898.

Register

C

D

E

F

G

H

I

J

K

L

M

N

O

P

Zeitfracht Medien GmbH
Ferdinand-Jühlke-Straße 7
99095 Erfurt, Deutschland
produktsicherheit@kolibri360.de

Druck:
CPI Druckdienstleistungen GmbH
im Auftrag der
Zeitfracht Medien GmbH
Ein Unternehmen der Zeitfracht - Gruppe
Ferdinand-Jühlke-Str. 7
99095 Erfurt